历史的丰碑丛书

法国大革命的思想先驱
卢　梭

麻宝斌　编著

吉林人民出版社

图书在版编目（CIP）数据

法国大革命的思想先驱——卢梭 / 麻宝斌编著 . --

长春：吉林人民出版社，2011.4（2021.8 重印）

（历史的丰碑丛书）

ISBN 978-7-206-07609-1

Ⅰ . ①法… Ⅱ . ①麻… Ⅲ . ①卢梭，J.J.（1712 ~

1778）—生平事迹—青年读物②卢梭，

J.J.（1712 ~ 1778）—生平事迹—少年读物 Ⅳ .

① B565.26-49

中国版本图书馆 CIP 数据核字 (2011) 第 037873 号

法国大革命的思想先驱　卢梭

FAGUO DAGEMING DE SIXIANG XIANQU　LUSUO

编　　著：麻宝斌

责任编辑：孙浩瀚　　　　　　封面设计：孙浩瀚

制　　作：吉林人民出版社图文设计印务中心

吉林人民出版社出版 发行（长春市人民大街7548号 邮政编码：130022）

印　刷：北京一鑫印务有限责任公司

开　本：787mm×1092mm　　1/16

印　张：8　　　　　字　数：72千字

标准书号：ISBN 978-7-206-07609-1

版　次：2011年4月第1版　　印　次：2021年8月第2次印刷

定　价：35.00 元

如发现印装质量问题，影响阅读，请与出版社联系调换。

编者的话

"欲知大道，必先为史"。

回溯人类的足迹，人们首先看到的总是那些在其各自背景和时点上标志着社会高度和进步里程的伟大人物。他们是历史的丰碑，是后世之鉴。

黑格尔说："无疑，一个时代的杰出个人是特性，一般说来，就反映了这个时代的总的精神。"普希金说："跟随伟大人物的思想是一门引人入胜的科学。"

以史为鉴，面向未来。作为21世纪的继往开来者，我们觉得，在知史基础上具有宽广的知识结构、开阔的胸襟和敏锐的洞察力应是首要的素质要求，而在历史的大背景中追寻丰碑人物的思想、风范和足迹，应是知史的捷径。

考虑到现代人时间的宝贵，我们期盼以尽量精短的篇幅容纳尽量丰富的信息，展现尽量宏大的历史画卷和历史规律。为此，我们编撰了这套丛书。

编撰丛书的过程，也是纵览历代风云、伴随伟人心路、吸收历史营养的过程。沉心于书页，我们随处感受着各历史时期伟大人物所体现的推动历史进步的人类征服力量。我们随着伟人命运及事业的坎坷与辉煌而悲喜，为他们思想的深邃精湛、行为的大气脱俗而会意感慨、拍案叫绝。

然而，在思想开始远游和精神获得享受的同时，我们也随之感受到历史脚步的沉重和历史过程的曲折。社会每前进一步都是艰难的，都伴随着巨大的痛苦和付出。历史的伟大在于它最终走向进步，最终在血污中诞生了鲜活的"婴孩"。

历史有继承性和局限性，不能凭空创造。伟人也有血肉，他们的思想、行为因此注定了同样具有历史的局限性和阶级的、时代的烙印；他们的功业建立于千千万万广大人民群众伟大创造的基础上。历史是人民群众创造的，伟大的人物们是历史和时代造就的。同时，我们也无法否定此间他们个人的努力。这也正是我们编撰这套丛书的目的。

我们期盼着这套丛书得到社会的认同，对读者，特别是青少年读者之历史感、成就感和使命感的培养有所裨益。史海浩瀚，群星璀璨。我们以对广大青少年读者负责的精神，精心遴选，以助力青少年成长进步，集结出版了《历史的丰碑》系列丛书，敬请读者批评、指正。

历史的丰碑丛书

编 委 会

策　划： 胡维革　吴铁光

　　　　 林　巍　冯子龙

主　编： 胡维革　邢万生

副主编： 贾淑文　谷艳秋

编　委：（按姓氏笔画为序）

　　　　 于二辉　刘士琳

　　　　 刘文辉　孙建军

　　　　 李艳萍　吴兰萍

　　　　 杨九屹　隋　军

18世纪是造就文化巨人的时代。这些巨人构成了人类文明天空中一个永恒的星座。在这个星座中，让·雅克·卢梭是一颗耀眼的明星。

　　卢梭是精神力量超越现实时代的一个最显著的榜样。他洞察、改变及改革了他的世纪和下一个世纪的社会。人们将19世纪后一切大革命的责任都记在了他和伏尔泰的身上。所以雨果的《悲惨世界》中，加里罗克吟诵道："这是伏尔泰的过错！这是卢梭的罪过！"

　　《忏悔录》《新爱洛伊丝》等著作使卢梭跻身于很少几位最伟大的作家组成的行列，只有谈到这几个名字，人们才可以说："要是没有他，法国文学就会朝另一个方面发展。"以至于歌德也宣称："伏尔泰结束了一个时代，而卢梭则开始了一个时代。"

目　录

历史的丰碑丛书

成长

> 在不幸中所表现出来的勇气，通常总是使卑怯的心灵恼怒，而使高尚的心灵喜悦的。
>
> ——《忏悔录》

1712年6月28日，卢梭生于日内瓦一个小资产者的家庭里。他的母亲苏萨娜·贝纳尔在他出生以后就死了。他的父亲依萨克·卢梭是个钟表匠，仁慈但不谨慎，性情暴躁，喜欢活动。卢梭是在他姑母的抚育下长大成人的。

卢梭后来这样回忆父母对他的影响：上天赋予他们的种种品德中，他们遗留给我的只有一颗多情的心。但，这颗多情的心，对他们来说是幸福的源泉，对我来说却是我一生不幸的根源。尽管如此，卢梭对父母始终都怀有深深的眷恋之情。

父亲对读书有着浓郁的兴趣，他希望卢梭能够通过有趣的读物来练习阅读。在小卢梭只有六七岁光景的时候，他们父子二人就经常过度地浏览各种小说，甚至彻夜不止，习以为常。有时父亲在晨光微曦中听到醒来的燕群的叫声，才难为情地对儿子说："让我们去睡吧，我简直比你还孩子气呢。"

卢梭6岁的时候，普鲁塔克的著作——《希腊罗马英雄传》落到他手中。小卢梭一遍又一遍，手不释卷地阅读这部作品。普鲁塔克简直成了他的良师，可以说，从摇篮到坟墓，他一直都伴随着卢梭的生活，对卢梭的思想产生了深刻的影响。

由于这些有趣的读物，也由于这些书所引起的卢

←日内瓦湖旁边的卢梭雕像，卢梭出生的地方。

梭和父亲之间的谈话，卢梭爱自由爱共和的思想便在不知不觉中形成了；他倔强高傲以及不肯受束缚和奴役的性格也形成了。英雄们传奇的故事，也形成了卢梭的爱好，并且与日俱增，直到后来除适合于他幻想的东西以外，每种事物都使他感到嫌恶。

7岁的卢梭就将家里的书籍遍览无余。他还外出借书阅读，如勒苏厄尔著的《教会与帝国历史》、包许埃的《世界通史讲话》、普鲁塔的《名人传》、那尼的《威尼斯历史》、莫里的几部剧本等等，他都阅读过。由于这些历史人物的典范影响和他父亲的谆谆教诲，卢梭深深体会到了自由思想和民主精神的可贵。他既有父亲的爱国血统，又以这些伟人为榜样，甚至言行之间常把自己比作那些历史中的人物。有一天，他在桌旁叙说斯契瓦拉的事迹，在座的人全都很惊讶地看到卢梭走上前去，把手放在熊熊燃烧的炉火之上，来表演斯契瓦拉的英雄壮举。这种早熟早慧的表现，正是卢梭特有天资的最初显露。

卢梭10岁的时候，父亲因为与人发生争执，离开日内瓦前往尼翁。于是，卢梭的舅父贝纳尔便做了他的监护人。后来他又和表兄弟亚伯拉姆，一同寄住在日内瓦近郊包塞的牧师朗拜尔西埃家中，学习拉丁文和其他一些科目。

←卢梭

　　包塞的生活方式，是以温柔、亲切、平和为基调
的。这些也都对卢梭的性格产生了深刻影响。一个10
岁的被父亲弃如敝屣的孩子，终于在大自然中发现了
真正的存在。卢梭感到他自己处理环绕他四周的幻想
的存在物，要比处理他所见到的世上的东西，有着更
大的能力，这种全为他的想象所支使的世界，几乎使

卢梭迷失了生活的方向，使他的意志力归于消灭。

一天，牧师家的一把梳子不知被谁弄断了齿了。人们怀疑是小卢梭干的，还把他的舅父找来，一起逼问他、惩罚他。但卢梭在这件事上的确是冤枉的，暴力面对这个孩子"魔鬼般的倔强"不得不让步了。平生第一次遭受这样不公正的待遇，使卢梭异常激愤，这个沉痛的回忆与他的天性密切融合，也更加增强了这种天性。

为了能够生存下去，卢梭还外出打工，被一位伯爵招到家里当小佣人。

伯爵有一个女儿，长得非常漂亮，而且她还有一条非常漂亮的小丝带，很多人看到都很喜欢。有一天，卢梭经过小主人的房间时，趁附近没人，悄悄拿走了侍女放在床头的小丝带，快速跑到院子里玩赏起来。说来也巧，有个仆人这是从卢梭身后经过，他发现卢梭手中拿着小丝带，便马上向伯爵作了报告。伯爵听后大为恼火，他怎么能容忍自己的庄园里有小偷呢！于是，伯爵命人把卢梭教导自己的客厅，严厉地追问事情的原委。卢梭听后，非常紧张，心中暗想：如果承认自己拿了丝带，那一定会被伯爵辞退，而且还背上小偷的名声。卢梭想了半天，也结结巴巴了大半天，最后狠下心撒了一个弥天大谎："是玛丽永将这条丝带给我的。"伯爵听了卢梭的话，半信半疑，立即派人将玛丽永叫来对质。

玛丽永年龄很小，心地善良，而且非常老实，是专门在厨房帮助大人做饭的。她听到伯爵的追问，当时就吓懵了，眼泪顿时流了下来，为自己申辩："老爷，我没有拿丝带，真的，我保证不是我拿的！"

这是的卢梭已经骑虎难下，如果此时承认自己拿了丝带，就会背上小偷和撒谎的双重罪名。所以，卢梭只能一口咬定，丝带是玛丽永交给自己的，伯爵听着两人的辩解，一时无法分辨真伪，当即就辞退了卢梭和玛丽永。当两个孩子离开伯爵家的时候，有一位长者意味深长地对他们说："你们中间一定有一个无辜的人，而那个说谎的人将受到良心的惩罚！"

事实正如长者所言，童年的这件事给卢梭的一生带来了巨大的精神上的痛苦，以至于他在四十年后的自传《忏悔录》中坦言道："沉重的负担一直压在我的良心上……促使我决心撰写这部忏悔录。残酷的回忆使我苦恼，在我苦恼的时候，便看到可怜的姑娘前来谴责我的罪行……"

卢梭欢畅的童年生活在不知不觉中结束了。

12岁的时候，卢梭回到日内瓦。开始，他跟随本城法院书记官马斯隆学习"承揽诉讼人"的行当。不

久，便因为兴趣索然而放弃了。

按照马斯隆先生的说法，卢梭除了使用钟表匠的锉刀以外，没有别的能力。于是，13岁的卢梭便不得不被送到杜康曼先生、一个零件镂刻师那里去学徒。在这里，卢梭深深体会到，在家靠父母和出外当奴隶之间的天壤之别。很短的时期内，他儿童时代的一切光华便全部磨光了，他那温柔多情、天真活泼的性格也被无情摧残了。卢梭不仅在实际生活中，而且在精神面貌上变成了一个真正的学徒。

由于师傅的暴虐专横，使卢梭对本来喜爱的工作感到苦不堪言，并使他染上了自己也深深痛恨的一些恶习，比如撒谎、怠惰、偷窃等等。一些最低级的趣味，最下流的习惯代替了他当年可爱的娱乐。因而，卢梭后来回忆说："儿童第一步走向邪恶，大抵是由于他那善良的本性被人引入歧途的缘故。"

但卢梭所追求的只是纯洁的玩乐，他并不把金钱看作多么方便的东西，而且认为，有钱的乐趣抵偿不了求财的痛苦。然而，后来漫长的岁月里，穷困却逼他到处去找钱，使他深受其累。所以，卢梭说："我们手里的金钱是保持自由的一种工具；我们所追求的金钱，则是使自己当奴隶的一种工具。正因为这样，我才牢牢掌握自己占有的金钱，不贪求没有到手的金钱。"

成年后的卢梭虽然生活在充满虚荣和奢侈的社会环境中，却始终保持了清高的态度，把贫富置之度外，没有过因为考虑贫富问题而令他心花怒放或忧心忡忡的时候。终其一生，卢梭不爱慕荣华富贵，不追求显赫腾达，在最难忘的坎坷不平和变化无常的遭遇中，也没有改变。

在恶劣的环境中，卢梭也始终保持着读书的嗜好，甚至到了除了读书以外，什么都不想干的程度。他口袋里只要有一本新书，他的心就怦怦跳个不停，恨不得一口气把它读完，只要剩下他一个人，他马上就会把它掏出来。这样，不到一年工夫，卢梭就把拉·特里布一家小书铺的书全读完了。

由于过度沉溺于空中楼阁，结果，他就讨厌起周围的一切，养成了爱好孤独的性格。这种性格表面上看似恨世而阴郁，实际上却产生于一颗热情、善良、温和亲切的心。然而，这颗心因为找不到和它相似的心，不得不耽于幻想而懒于行动。就在这种玄思遐想之中，卢梭到了16岁。

3月的一天，卢梭和朋友一起到郊外游玩。因为城门已经关闭而没法回去，他便决心脱逃。第二天，他离开了日内瓦，从此开始了流浪的生活。

卢梭到处漫游，一直来到距离日内瓦二法里的萨瓦境内龚非浓，结识了教区神父德·彭维尔先生。神父介绍他到安纳西去，说住在那里的华伦夫人会帮助他。

第一次与华伦夫人的见面，使卢梭心中很受感动，也正是和这一妇人的遭遇决定了他日后的生活。50年后，在卢梭最后的著作中，他对那慈祥的"母亲"曾发出感恩的爱意。因为没有母亲的孩子常想找到母爱，而卢梭就在华伦夫人那里，找到了他所需要的。

华伦夫人也同样对这个16岁的流浪少年表示了她的好感和关怀。她很希望卢梭能为自己找到生活的出路。于是指引他到都灵的救护所去。卢梭听从劝告，在复活节前的星期三启程了。

卢梭离开安纳西的第二天，他的父亲便找到了这里。他虽然已经在尼翁续弦，成立了另一个家庭，但他还是惦念着儿子，虽然他能够追上小卢梭，但他却没有这么做，而只是和华伦夫人一起对卢梭的命运悲叹了一番。

→华伦夫人

他知道，儿子已经继承了他流浪的癖好，而未来的路，卢梭能够也只能自己去走了。

在都灵一个天主教神甫那里，卢梭改宗加入天主教。两个月幽禁的生活之后，他被无情的抛到了这个陌生的城市。后来，他在巴西勒太太的店里做过奴仆，也做过维尔塞里斯伯爵夫人的侍仆。3个月以后，他带着难以磨灭的罪恶的回忆和难以忍受的良心的谴责离开了伯爵夫人家。那是因为他偷拿了主人的一条丝带，为此却冤枉了玛丽永，伯爵夫人的厨师，一位可爱的姑娘。这件事一直压在卢梭的心头达40年之久，而他感到的痛苦随着年龄的增加也在不断加重。从这件小事，我们不难看出卢梭所具有的自我批判精神。

在维尔塞里斯夫人家的时候，卢梭结识了萨瓦神父。他常劝卢梭做一个安分守己的人，要正确认识自己。他说卢梭的天性与才华与其说是他走向富贵的阶梯，不如说是他不慕富贵的保证。他的教训是贤明的，成了卢梭心中道德与宗教的萌芽。

经人介绍，卢梭又到德·古丰伯爵家中，做了他家最小的儿子古丰神父的秘书。因为与学徒时期的一个伙伴巴克勒交往过密而疏于工作，他又被解除了职务。卢梭毫不惋惜地抛弃了他的保护人、教师及学业、前途，再也不等候那几乎是已经很有把握的幸福的到

来，又开始了一个真正流浪者的生活。

1927年6月，卢梭告别了同行的巴克勒，回到了安纳西华伦夫人身边。在夫人身旁，在花红柳绿之间，卢梭才感到一直被压抑的心，终于舒展开了。书和日常琐事填满了他平和的生活空间。

他非常能吸引别人，但也使别人感到失望，因为他不可思议地顽强，浮躁，缺乏考虑，缺乏判断，缺乏记忆力。华伦夫人请她的亲戚奥博讷先生考察卢梭，结果他断言卢梭充其量只能做一个小乡村里的牧师。这种看法倒是一点也不使卢梭烦恼。不过他也承认自己在谈话时感情敏锐、思想迟缓，即便在独自一人工作时，思想在头脑中也经常乱

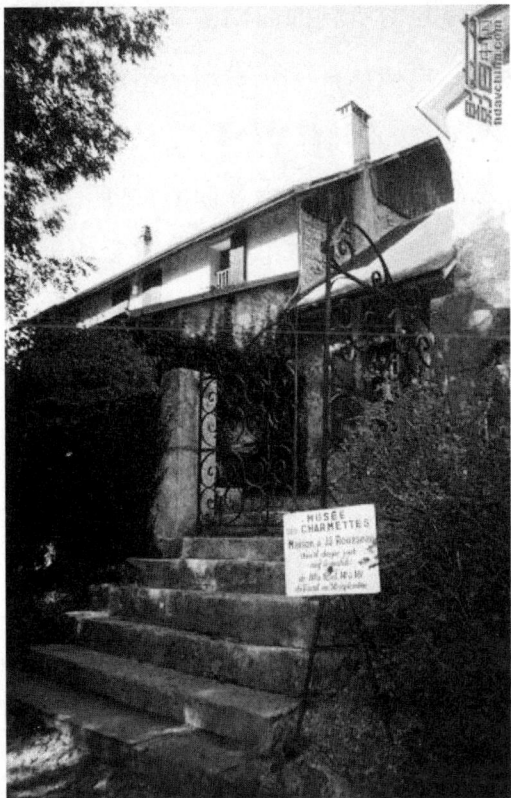

→卢梭与华伦夫人的住处

成一团。表达思想方面有很大困难，而在领会思想方面也是如此。于是，卢梭决定隐退从事写作，也许这再合适不过了。

就这样，由华伦夫人安排卢梭进入格罗先生的神学院接受教育。然而他的进步和他的努力实在不成比例，这种情况即无法使卢梭受到鼓舞，也使主教和院长失去了信心，他又被送回到华伦夫人那里。

卢梭从小就很喜欢唱歌，热爱音乐。他对优美的曲调是那么动心，童年时听到的曲调清新的民间歌谣一直使他悠然神往。卢梭从神学院带回一本乐谱，这本乐谱使他在音乐理论方面受益不小。

华伦夫人注意到了卢梭在音乐方面的爱好，便想把他培养成音乐家。他让卢梭做了一位大教堂的乐师勒·麦特尔先生的入门弟子。在他的指点下，卢梭全心全意、勤勤恳恳地去学习，有了不小的进步。

在安纳西，卢梭度过了将近一年的平静生活。不久，这种情况便又被打碎了。麦特尔先生和领唱的神父德·维栋纳发生激烈争执。勒·麦特尔立即决定第二天就离开此地。华伦夫人看到挽留无效，只好吩咐卢梭把他送到里昂。

在贝莱逗留了几天之后，他们两人很顺利地到了里昂，下塌在圣母旅馆。到里昂两天以后，当卢梭陪

同麦特尔正从离旅馆不远的一条胡同走过的时候，麦特尔先生的类似羊痫风的老毛病又发作了，而且非常严重。正当许多路人向一个失去知觉、口吐白沫、倒在街心的人围拢过来时，卢梭竟鬼使神差地抛弃了他的朋友。这件事和那次丝带风波一样，都长久萦绕在他的心头，使他长期自责。

卢梭只有一个心愿，便是离开里昂回到安纳西。可当他回到安纳西的时候，华伦夫人已经到巴黎去了。这不禁使卢梭深深懊悔不该怯懦地丢开勒·麦特尔先生。他后来说："在刚干完一件丑事的时候，我们心里并不觉得怎么难受，但在很久以后，当我们想起它时，它还要折磨你，因为丑事是永远不会从记忆中消失的。"

卢梭暂时借住在他的朋友汪杜尔那里，等待华伦夫人归来。在卢梭看来，汪杜尔先生有着非凡的音乐才华。在他的督促下，卢梭开始学习写歌词。他的第一个作品是围绕一个情致缠绵的场面展开的，汪杜尔先生也认为卢梭写的词句十分漂亮。

由于一个偶然的机会，卢梭陪同麦尔赛莱小姐去弗赖堡，途中经过日内瓦，他的家乡。卢梭谈起他当时的感觉：在自由的崇高象征使我的灵魂上升到美妙境界的同时，平等、团结、优良风尚的象征也使我潜然泪下。尼翁也是他们的必经之地。卢梭终于见到了阔别已久的父亲。他们互相拥抱的时候，都禁不住流下了激动的热泪。卢梭没有住下来，他的父亲也没有强留，也许他已经看出卢梭是无法从已经走上的道路回过头来的。

圆满完成了护送麦尔赛莱小姐的任务以后，卢梭没有返回尼翁，而是要到洛桑去。他只是要去那里欣赏湖水，并没有什么更大的动机。在他看来，远大的志向总是那么渺茫，以致使他难以行动起来，而那种唾手可得的一点小小快乐对他比天堂的永久幸福的诱惑力还要大。

一天晚上，卢梭到了离洛桑不远的一个小村庄，他已经身无分文了。他走进一家小旅店，装出大大方方好像能付钱的样子要来了晚饭，之后又美美地睡了一觉。第二天算账时，他共欠店主人7个布兹，便想把自己的短外衣押给店主人。那个好心人拒绝了他，让他留着外衣，等有了钱回来还账。不久，卢梭就托一位可靠的人把钱还给了店主并致以谢意。

在洛桑，卢梭住在一个名叫佩罗太的人那里，这个好心肠的人给了卢梭以百般的关怀。卢梭后来说，"为什么我年轻的时候遇到了这么多的好人，到我年纪大了的时候，好人就那样少了呢？是好人绝种了吗？

不是的，这是由于我今天需要找好人的社会阶层已经不再是我当年遇到好人的那个社会阶层了。"卢梭为自己是一个平民而骄傲，他深深地热爱着这个阶层的人民。

卢梭靠做音乐教师维持着生计，到了难以为继时，他便辗转来到讷沙泰尔，在那里度过了一个冬天。后来，他随一位耶路撒冷修道院的院长开始旅行，从弗赖堡到伯尔尼，又到索勒尔。那以后，卢梭又陪同高达尔上校往巴黎进发。

在巴黎近郊，卢梭所看到的是遍地垃圾的小路，丑陋污秽的房舍，一片肮脏和贫穷的景象，到处是乞丐、车夫、缝衣妇和沿街叫卖药茶和旧帽子的女人。这一切都在他心灵里激起一种强烈的反感，他对于不幸的人民遭受痛苦的同情和对压迫他们的人所抱的不可遏止的痛恨，就从这时开始萌芽了。这时，卢梭是19岁。

在里昂，卢梭终于有了华伦夫人的消息。他迫不及待地赶赴到她那里。这时，华伦夫人移居在尚贝里。没几天，卢梭便经夫人介绍当上了土地登记处的书记，他在离开日内瓦，经过四五年的奔波、荒唐和痛苦以后，第一次冠冕堂皇地开始自己挣钱吃饭了。

梦幻

当一个人产生了爱情的幻想的时候，是容易相信对方的心的。如果说爱情使人忧心不安的话，则尊重是令人信任的；一个诚实的人是不会单单爱而不敬的，因为，我们之所以爱一个人，是由于我们认为那个人具有我们所尊重的品质。

——《爱弥儿》

20岁时，卢梭认为自己智力已经相当发达，但判断力却很不够。这时克洛德·阿奈便几乎成了他的监护人。他是华伦夫人的仆人，熟悉各种植物；他举止沉着、稳重、谨慎，态度冷静，谈话简洁得体；他感情非常炽热，却又从不外露。卢梭几乎就成了他的学徒，不但钦佩也很尊敬阿奈。

从来到尚贝里开始的八九年间，卢梭的生活既单纯又愉快，这种很少变化的生活却成了彻底锤炼他的性格所需要的一个条件。正是在这一段宝贵的时期，卢梭那杂乱而无系统的教育，开始有了稳定的基础，性格才逐渐定型，这使得他在日后所遇到的种种风暴

中，始终保持了本色。

工作压力稍微减轻一些，卢梭便又产生了读书的
要求。他总是在最大限度地利用他的时间，这种持之
以恒的长期积累，为卢梭达到当代文化的高峰创造了
必须具备的条件。

在地籍调查工作中，为了应付计算所面临的困难，
卢梭自修了算术，他说："实用算术并不像人们所想象
的那样简单，如果要做到十分精确的话，有时计算起
来麻烦到极点。思考与实用结合，就能产生明确的概
念，就能找到些简便方法，这些方法的发现激励着自
尊心，而方法的准确性又能使智力得到满足，原来枯

→尚贝里

燥无味的工作，有了简便方法，就令人感兴趣了。"

测量员们绘图的彩色，又使卢梭对绘画恢复了兴趣。他买了些颜料，开始画起花卉和风景来。他深深挚爱着这门艺术，甚至可以在画笔和铅笔中间一连待上几个月不出门。不管什么爱好，只要卢梭一入了迷，都是如此，爱好逐渐加深，直至变成狂热。也许"没有热情便不会产生伟大"吧。

卢梭也喜欢喂鸽养蜂，和这些有益的动物亲切地相处，喜欢在葡萄熟了的时候到田园里去分享农人收获的愉快。外出旅行时，他每到一处住下，总是关心窗外是否有一片田野的绿色；逢到景色美丽的黎明，他就赶紧跑到野外去观看日出。

然而，音乐在卢梭的生活中始终占据着举足轻重的地位。卢梭曾说他自己一定是为这种艺术而生的，因为他从童年时代起就爱上了这种艺术，而且这也是他一生中唯一始终喜爱的艺术。虽然卢梭如此钟爱音乐，可他学起音乐来却进步缓慢，始终也没能做到打开曲谱就能正确地唱出来。

卢梭一直保持着他健康而美好的生活趣味，也始终保持了他淳朴自然、丰富多彩、朝气蓬勃的平民形象。工作、学习、娱乐，以自然为师，以书籍为师，卢梭形成了他独有的近似于东方隐士的性格特质。

　　卢梭个人的生活是平静的，但整个欧洲却并不平静。1733年10月，法国向神圣罗马帝国宣战，撒丁国王也参加了战争。法军的一支纵队路经尚贝里，卢梭饱享了观赏队伍从他眼前走过的眼福。他对这次战争的结果非常关心，从此，也有了关心国事的习惯，开始看报纸了。

　　卢梭虽然始终以身为日内瓦公民为荣，但他对法国显然也是十分偏爱的。他自己是这样认为的：法国有着少许的成功，便使得他心里快乐；她的失败，便使他苦恼，好像这些失败是降临到他自己身上一般。这可能是由于卢梭不断地读书，而这些书经常又都是法国的，这便在无形中培养成了他对法国的感情，甚至变成了一种任何力量也不能战胜的盲目狂热。

　　战争进行的同时，法国国内拉摩的歌剧正名噪一时。卢梭忙了好一阵子，才买到拉摩的《和声学》，贪婪地自学起来。这时，他又结识了年轻风琴家巴莱神父。于是，卢梭脑子里充满了伴奏、谐音、和声。为了训练听力，他向华伦夫人建议每月开一次小型音乐会。这样，卢梭又不分昼夜地把全部精力放在这些音乐会上。

　　由于完全沉溺在音乐里，卢梭已经没有心思再想别的事了。按时上下班和工作中的麻烦对他来说都成

←日内瓦

了难以忍受的酷刑。这终于使他起了辞职不干，一心专搞音乐的念头。华伦夫人尽管极力反对，但看到卢梭的音乐癖已到了疯狂的程度，又担心他会因工作不专心而遭到免职，也就同意了他先行辞职的要求。

于是，卢梭兴高采烈地跑到土地登记处处长果克赛里先生那儿，好像做一件英勇的事业那样骄傲地辞了职。没有原因，也没有借口，卢梭就这样自愿离开了他的职务，其高兴的程度甚至超过了两年前就职的时候。

卢梭又一次当上了音乐教师，而且干得很不错。当地居民礼貌的接待，和蔼的神情，平易的气质，使他感到和人们的交往十分愉快。他后来回忆尚贝里时说："如果世界上真有一个能够在愉快而安全的交往中享受生活之乐的小小城市，那就一定是尚贝里。"

卢梭在华伦夫人家居住的这段时期里，他感到非常满足和快活。华伦夫人的嗓子轻柔动人，还会弹琴，她常教卢梭唱歌，熏陶激发卢梭对音乐的兴趣。后来卢梭去神学院学习，华伦夫人送他音乐方面的书。卢梭在神学院除学习外，经常带着歌谱，练习歌唱。华伦夫人认为卢梭对音乐感兴趣且有天赋，有意让他朝音乐方面发展。她经常在家里举办一些小型音乐会，并介绍卢梭与一些作曲家认识，使他的音乐水平不断提高，后来他不断地自学和研究，想出一种用数字代替音符的简易记谱法，即以数字1234567来代替Do、Re、Mi、Fa、So、La、Si音阶，并写出了具有独创性见解的著作《音乐记谱法》，希望借此革新音乐世界。

←卢梭任教师的学校

同时还撰写了《现代音乐论文》一并带到巴黎，呈交给巴黎科学艺术院，想借此机会出名，这时的卢梭，灵感有如泉涌，他写了一部名为《新世界的发现》的歌剧，充分表现了他的创作才华。

后来卢梭带着修改好的稿子去科学院，当众宣读了他的论文，它那简洁的内容有力地吸引了委员们的注意力，博得了赞扬。他认为自己的记谱法是音乐史上的创新和改革，但委员们不赞成这种意见，经过几次讨论，他们得出一个结论，认为卢梭的记谱法可用

于演唱，但不适合于演奏。为了安慰卢梭，艺术院给他颁发了一张奖状，措辞中夸奖了他一番。卢梭虽遭受了失败，但心里很不服气，他将自己的手稿重新整理之后，找到一个愿意接受这部手稿的出版商，以《现代音乐论》为书名出版。卢梭满怀希望，盼望这本音乐著作能引起较大的反响，然而销路很差，这使卢梭又一次遭受沉重的打击。虽然他一心想在音乐方面有所创新，希望对音乐爱好者能有所启发，但效果却不佳，除了少数几个学者对他倍加赞誉外，并未产生什么大的反响。

华伦夫人与卢梭一样，温柔而多情，做事疏忽而耽于幻想，心地仁慈，却又容易走极端。她依恋着卢梭，也使卢梭的心灵完全被她占据了。她对卢梭来说，胜似姐姐，胜似母亲，胜似朋友，甚至胜似情人。

不久，华伦夫人、卢梭、阿奈开始整日奔忙，筹措在尚贝里建造一个皇家植物园。但是，一个意外的打击使这个计划成了泡影。阿奈在上山采药时得了肋膜炎，不久就死了。在卢梭看来，这是上帝特意要叫自己经受种种严酷考验。

卢梭开始代华伦夫人管家，但华伦夫人在花费上毫无节制，卢梭因而一筹莫展。当他确信私下里攒钱对夫人说来也是杯水车薪、无济于事之后，又开始疯狂而顽固地想在音乐中寻求财运，这时他开始学习作曲。

在苦心钻研拉摩那本《和声学》以后，卢梭试写了几支小曲，因而更增加了勇气。在一次音乐会上，卢梭作的几支小曲也拿去演奏，其中一支合唱曲受到人们的欢迎。不过，人们并未因此看重卢梭，从这以后，他对音乐的兴趣有些冷淡了。

在这期间，卢梭也结交了一些朋友，像果弗古尔先生和孔济埃先生。卢梭曾经回忆起这些故人："这些友谊往往使我对那个愉快的、默默无闻的时期感到留恋，那时自称是我的朋友的人们，都是爱我这个人而跟我交朋友，他们对我的友情纯粹出于至诚，而不是出于和一个名人来往的虚荣心，也不是居心寻求更多的机会来损害他。"

这时，法国哲学家伏尔泰和普鲁士皇太子的通信正名噪一时，卢梭很关心这两个人，于是阅读了伏尔泰写的文章，一篇也没漏掉。而他对这些作品所发生的兴趣，引起了他要学会用优雅的风格写文章的愿望。正是这些书信有力地吸引着卢梭去探求知识。当然，对卢梭来说，他真正完全献身于知识的时机还没有到来。

在音乐与医药，以及在制定种种计划和到处旅行

之间，卢梭消磨了两三年，不断从一件事转向另一件事，不知道一定要干什么。然而，他对学问也渐渐发生了爱好，常去拜访作家，听他们谈论文学，这些谈话更提高了他求知的热情。

卢梭也常和一位和善的修士见面，他是物理学教授。有一次，卢梭打算学他的办法制造密写墨水，就在瓶里装了生石灰、硫化砷和水，用塞子紧紧塞好。这时，瓶内剧烈地沸腾起来，他想打开塞子，但已经来不及了，瓶子炸弹似的爆炸了，溅了他一脸。这以后，卢梭当了六个星期的盲人，从此也明白了不懂物理实验的原理就不能乱动手。

这个意外使卢梭本来就不很好的健康状况更加恶化了。经常气喘、吐血、发烧。卢梭自认为他的病是因为他的激情，这些激情给他以生命力，同时也伤害了他。由于感到体力衰退，卢梭变得比较安定了。病态的敏感代替了激情，沮丧变成了悲伤，他甚至觉得生命就要逝去。

在华伦夫人的百般照顾、细心看护和令人难以置信的关怀下，卢梭终于战胜了病魔。这也使得他与华伦夫人之间产生了更亲密、更动人心弦的关系。

卢梭和华伦夫人决定隐居到沙尔麦特村，这个地方就在尚贝里旁边。在两座相当高的山丘中间，有一个南北向的小山谷，山谷底部的乱石和灌木丛中有一道溪水，沿着山谷，在半山腰间疏疏落落地坐落着几所房子。在这里，卢梭度过了一生中最幸福的一段时光。

野外生活并没有使卢梭的健康得到恢复。有一天早晨，他突然感到动脉跳动得异常激烈，两个耳朵嗡嗡直响。这种病一直没有好转，以后就一直伴随着他。可是病症却在卢梭的精神上产生了良好效果。他甚至说："我只是在把自己看成是一个死人以后，才开始活着。只是到了这时，我才对我要离开的事物予以应有的重视，开始把我的心思用在一些比较高尚的事情上，就好像我要把早该应尽的、而我至今一直不曾注意到的义务提前完成似的。"

←卢梭岛

　　乡间的生活使卢梭产生了浓厚的感情，回城在他看来如同流放一样。虽然，他每天都认为已经到了生命的末日，但却更加勤勉地学习起来，他不顾一切地积累知识，以便带到另一个世界去，好像他相信知识是他当时唯一能够有的东西。

　　开始时，卢梭没能掌握适当的读书方法。他认为，要从读一本书得到好处，必须具有书中所涉及的全部知识。所以，他总是不时地停下来，从这本书跳到那本书，甚至有时要读的书看不到10页，就得查遍好几所图书馆。

　　幸好他及时纠正了错误，他认为，人只能选择一门学问，但不能局限于一门学问，对其他科学也应该了解，这当然是对的，但方法要改变才行。于是他开始看《百科知识》，把它分成几部分加以研究。不久，他又认为应当先就每一个门类单独加以研究，一个一个地分别研究下去，一直研究到使它们汇合到一起的那个点上。卢梭的深思弥补了知识的不足，思考终于帮助他走上了正确的方向。

　　起先，卢梭读了一些哲学书籍，如洛克的论文，马勒伯朗士、莱布尼茨、笛卡儿的著作等。他曾试图将这些差不多相互冲突的学说统一起来，结果徒劳无功。于是他拿定主意，力求完全接受并遵从作者的思想，等头脑里已经装得相当满以后，再独立思考，加以比较和选择。几年以后，他就有了相当丰富的知识，并且开始运用他的判断力提出自己的言论了。

就是在沙尔麦特这个"乐园"般的梦境中，卢梭系统地学习了历史、地理、天文、物理、化学、数学、哲学、音乐和拉丁文，正是这种长期积累起来的广博的学识，创造了这位思想家，一代文化巨人。

在那段幸福的日子里，卢梭认为自己是最接近明智的，对过去没有多大的懊悔，对未来也毫不担心，经常占据着他心灵的思想就是享受现在。而草地上的午餐，凉亭下的夜饮，采摘瓜果，收获葡萄，灯下和仆人们一起剥麻，对他来说都是真正的节日。

不久，由于身体每况愈下，使他不得不到蒙佩利埃去疗养。秋去春来，27岁的卢梭回到尚贝里时，却发现他那颗满怀着美好和真诚之爱的心灵，在无情的现实面前破碎了。

因为不满于华伦夫人允许另外一个年轻人介入他们的生活，卢梭开始觉得生活索然无味，便隐居到沙尔麦特孜孜于自己的教育理论。

1740年，卢梭由代邦夫人介绍前往里昂，在马希利家做了一年的家庭教师。他的两个学生，一个叫圣马利，另一个叫孔狄亚克。年终的时候，他写成了

《圣马利教育的计划案》。但这对于两个孩子的学业进步倒没有多少实际意义。卢梭最后便决定辞职，回到尚贝里。

他又一次摆脱了一切，放弃了一切，一路飞驰，以宛似当年那种满腔热情回到了家中。然而，他与华伦夫人之间的裂痕已经无法弥合了，卢梭又一次陷入了绝望之中。

那间可爱的小屋成了卢梭唯一消愁解闷的地方。他在那里寻求医治他那颗惶恐不安的心灵的方法，也寻求如何防止华伦夫人因为奢侈而可能面临的破产的方法。

因为对以自己的才华在文坛上出名还缺乏信心，卢梭又回到了音乐的天地。他觉得音符创造得很不成功，于是，自己发明了一种用数字记录乐谱的新方法，用它可以轻而易举地记录任何乐曲。

年当30岁的卢梭决定到巴黎去，他仅有的资财是15个银路易，一部短篇喜剧的手稿和他的新记谱法，他希望靠这记谱法名利双收。谁会想到这样一个浪荡青年，会在日后成就一番轰轰烈烈的伟业呢？

迷 惘

> 特别是在寂寞无聊中，一个人才感到
> 跟善于思想的人在一起生活的好处。
> ——《忏悔录》

卢梭自从离开华伦夫人以后，开始自谋生活，先后当过家庭教师、书记员、秘书等。同时也广交了各方面的人士，尤其是他结识了大哲学家狄德罗。由于有共同的兴趣，爱好和志向，他们之间建立了深厚的友谊。他们彼此都热心于学术工作，狄德罗和卢梭等人便着手合编：一部《百科全书》，卢梭负责音乐部分，这项工作由于狄德罗被捕而中断了。卢梭四处向朋友求援，希望把狄德罗放出来，但收效甚微。

卢梭经常前往狄德罗被关押的监狱探望他。1749年夏天，天气非常炎热。从巴黎到监狱之间有较长的路程，卢梭步行去看狄德罗，常带着一本书，走累了休息时可看看书。有一天，他带了一本《法兰西信使》杂志，忽然看到第戎科学院的征文启事：《科学和艺术的进步对改良风尚是否有益》。卢梭看到这个题目时，

→狄德罗

好像被千道光芒刺射了一样，许多富有生气的思想不知不觉地从他心中涌现出来。他顿时感到窒息，仿佛看到另一个宇宙，自己变成了另一个人，脑子里不仅涌现出与第戎科学院的论文有关的思想，而且一连串的想法相继而起，就像大浪一样冲击着他。这次心灵的震荡，显示了他思想上真知灼见的潜力。

卢梭把这件事告诉了狄德罗。狄德罗鼓励卢梭继续发挥自己的思想，写出文章去应征。卢梭积极撰写了这篇论文，写成后又送狄德罗审阅，自己又反复修改了多次，以《论艺术和科学》为题寄出应征。1750年，他这篇论文获得了头等奖。他在这篇文章中否定艺术和科学的价值，从反面进行了论证，表露了他对巴黎社会的不信任和憎恶，并反对这种社会中所隐藏着的欺诈。他斥责科学，文学和艺术，认为这些东西被权力所主宰了。

在里昂，卢梭停留了一些时候。从前在马布利家做家庭教师时，他就结识了著名哲学家孔狄亚克。这次，他又结识了另一位著名哲学家马布利神父，也见到了博尔德、佩里雄和音乐家达维。卢梭一直很感激这些人，但后来却由于那种貌似忘恩的疏懒而和他们都疏远了。

1742年的秋天，卢梭到达巴黎。他利用朋友们给

他写的介绍信，得到了一些人的帮助。很快就向科学院提出了他的《新乐谱记号案》。

梅朗、埃洛和富希3位先生负责审查卢梭的论文，他们3人分别是数学家、化学家和天文学家。在卢梭看来，他们当然都是杰出之士，但是没有一个懂得音乐，至少懂的程度不足以使他们有能力审查他的方案。结果，科学院根据他们的报告，给卢梭颁发了一张奖状，措辞夸奖备至，实际上却认为这种记谱法既无新意，又无用处。卢梭于是写了一部题为《现代音乐论》的书，于翌年出版。

刚到巴黎时，卢梭通过罗甘先生认识了哲学家狄德罗。后来，由于时常拜访他的审查委员和其他院士，又使得他得以结识巴黎文坛中最杰出的一些人物。所以，在其后一跃成为著名文士的时候，卢梭与他们已经是旧相识了。

当他以满腔热情搞出的记谱法既没有使他成名，也没有使他获利时，他开始过起浪费时间和金钱的生活，涉足于咖啡馆和剧院之间。他手中连3个月的生活费都没有，可他却把这种懒散而孤独的生活过得那么安闲，那么愉快，那么满怀信心。

卢梭时常去拜访马布利神父、封奈尔和喜剧家兼小说家马里沃。他甚至把他写的喜剧《纳尔西斯》给

← 狄德罗的素描画

马里沃看了，并得到了修改。他也和狄德罗在一起谈论音乐或写作方面的事情，两人建立了亲密的关系，这种关系一直持续了15年之久。

也许要不了多久，卢梭就得去乞讨面包了，在所剩无几的短暂而宝贵的时间里，他却在专心致志于背诵大段的诗作。每天上午，他就到卢森堡公园在散步，衣袋里装着一本维吉尔或诗人卢梭等人的集子，时而

背一首宗教颂歌，时而背一首田园诗，借以练习记忆力。

就在卢梭安逸地坐待囊空金尽的时候，卡斯太尔神父使他从昏睡状态中摆脱出来。他向卢梭介绍了两位夫人：伯藏瓦尔夫人和杜宾夫人。卢梭以他的风流才华得到了贵妇们的挚爱。

在杜宾夫人那里。卢梭又结识了弗兰格耶先生，他是杜宾夫人的前房儿子。他们两人很快建立了友谊，开始一起在名化学家鲁埃尔那里上化学课。

这期间，卢梭得了一场重病，几乎病死。在病后休养期间，他开始考虑当时的处境，他痛恨自己的羞怯、软弱和疏懒，由于这种疏懒，使他终日沉溺于无所用心之中，经常处在山穷水尽的边缘。

于是，作曲和写歌剧的念头在他卧病时期浮上心头，而他在发烧昏迷的时候还编了些独唱曲、二重唱曲和合唱曲。这些音乐和歌剧的题材在他养病时期也依然萦回在他脑际。卢梭便开始构思一部歌剧的纲要，并取名叫《风流诗神》。他开始埋头于创作，这种热情使他第一次感到作曲的快乐。

一天晚上，卢梭正要进歌剧院大门，突然感到情潮澎湃，他完全被万千情绪控制住了。他赶紧跑回去关紧房门，把窗帘拉得严严的，然后躺在床上。他沉醉于诗情乐兴之中，七八个小时就把第一幕的绝大部分构思出来了。也许正如人们所说，好诗不是写出来的，而是流出来的，音乐大抵也是如此。

但这次卢梭没能把这件工作一直搞下去，因为有别的事耽搁了。在伯藏瓦尔夫人那里，他结识了刚刚奉派为驻威尼斯大使的蒙太居伯爵先生，应他的邀请，卢梭决定去担任秘书工作。

卢梭从 1743 年 6 月出发，经由里昂，沿罗纳河顺流而下，到土伦搭乘海船，横贯伦巴第，又经米兰、维罗纳、布里西亚、帕多瓦，在 9 月间才到达威尼斯，开始了为期一年多的大使秘书生涯。

在威尼斯期间，卢梭阅读了从古希腊柏拉图、亚里士多德到近代荷兰格劳秀斯、英国洛克等人的大量政治学著作，开始关心社会政治问题，并且产生了撰写有关政治制度方面著作的最初思想。

他仍然和从前一样，经常和一些才智之士交游，如勒·布隆、圣西尔、卡利约、阿尔蒂纳诸先生，另外还有两三个英国人，他们都是才华横溢、知识广博的人，而且和卢梭一样热爱音乐。

因为与蒙太居大使意见不合，卢梭于 1744 年辞职，回到了巴黎。

卢梭自己承认就是在这时他的心灵里撒下了愤慨

的种子，反对当时愚蠢的政治制度。他说："在这种社会制度里，真正的公意和真正的正义总是为一种莫名其妙的表面秩序所牺牲，而这种表面秩序实际上是破坏一切秩序的，只不过对弱者的压迫者和强者的不义的官方权力予以认可而已。"卢梭的政治学说后来成为法国大革命时期投向封建专制的最锐利的思想武器。

卢梭已经饱尝寄人篱下的苦楚，因而决心不再依靠别人，要保持自己的才能，过独立的生活。他把由于到威尼斯而中断的那部歌剧又捡了起来。为了专心致志地工作，他又回到以前居住过的圣康坦旅馆。在那里，有一个真实的慰藉在等着他。

这家旅馆的新女主人雇用了一个同乡的女孩子，名叫戴莱丝·勒·瓦瑟，专做洗洗缝缝的活，她靠一人劳动养着全家人生活。那年，戴莱丝23岁。很快她就和卢梭情投意合了，她至死一直是卢梭的伴侣。卢梭后来说："我的雄心壮志熄灭了，需要有个强烈的情感代替它来充实我的心灵。""我在戴莱丝身上找到了我所需要的替代者；由于她，我得到了情况所许的最大幸福。"

在所爱的人身边，感情就能充实智慧，如同它能充实心灵一样。卢梭与戴莱丝生活在一起，就和跟世界上最美的天才生活在一起一样的惬意。深居简出的生活对他的工作也十分有利，不到3个月工夫，卢梭那部歌剧的词曲就全部完成了。

现在的问题是如何上演这部歌剧。卢梭争取到一个机会在拉摩和黎塞留面前演奏了几段。虽然拉摩先生对质量参差不齐的作品极不满意，但黎塞留先生的态度却正好相反。于是，卢梭的作品又在御前游乐总管博纳瓦尔先生家里，由宫廷出钱，用大合唱队和大乐队演奏了。

另一项工作耽搁了歌剧在宫廷的上演。凡尔赛宫要演出有拉摩配乐的伏尔泰的剧本《纳瓦尔公主》，这次修正改编易名为《拉米尔的庆祝会》。这个题材要求把原剧好几场幕间歌舞都换掉，词和曲都要改写。经黎塞留先生介绍，由卢梭担任了这一任务。他首先写信给原作者伏尔泰，得到许可以后，便动手干起来，两个月就完成了。

由于拉摩先生和黎塞留先生因故离开，卢梭失掉他的作品应得的名声和相应的报酬。他的劳动，他的时间，他的愁苦，他的疾病，以及金钱，这一切只能由卢梭自己来承担了。

1747年5月，卢梭的父亲不幸去世了。他为卢梭留下了一小笔遗产，这倒给他帮了一个雪中送炭的忙。当他收到支票的时候，有好几种快乐，然而他自己说，

最大的快乐还是做到了克制自己。他还把这笔钱中的一小部分寄给了华伦夫人，回想起往昔的幸福时光，卢梭不禁怆然泪下。

处境一天比一天紧迫，卢梭便想起把那部小喜剧《纳尔西斯》送到意大利剧院去。这使他得到了一张免费入场券，然而也仅此而已。

最后的失败使卢梭完全泄气了。他认为才能，自己真有也好，假有也好，反正都无法使他走运，他只能把时间和精力用在维持自己和戴莱丝的生活上了。因此，他全心全意地跟着杜宾夫人和弗兰格耶先生了。

弗兰格耶先生正在学博物学和化学，办了一个陈列室。这使卢梭爱上了化学，不久，他就对粗知皮毛的这门科学"不识好歹"地开始涂写起来。在工作的同时，卢梭还写了一部三幕剧《冒昧订约》和一篇题为《西尔维的幽径》的诗剧。

卢梭34岁的时候，他的第一个儿子诞生了。可怜，这个孩子和卢梭以后的4个孩子都被他弃置在孤儿院。为这件事，卢梭曾用各种无力量的理由替自己辩护，这些理由永远不能使他真正感到满意，而且使他直至临终时心里依然交织着悔和恨。

弗兰格耶先生介绍卢梭认识了埃皮奈夫人，她刚刚和包税人拉利夫·德·贝尔加尔德先生的儿子埃皮奈先生结婚。同时，也就认识了她的小姑子——贝尔加尔德小姐，她不久以后成了乌德托伯爵夫人。这个女人后来竟主宰着卢梭一生的命运，并把他拖进了无底深渊。

从威尼斯回来时起，卢梭一直没有间断和狄德罗的来往，他和孔狄亚克神父也交往甚密。他们三人甚至还曾有过出期刊的计划，只是由于意外事件才搁置了。

狄德罗和孔狄亚克努力编写《百科全书》，这些书全面阐述了通过科学进行拯救的思想。狄德罗建议卢梭参加这项工作，由他写音乐部分。尽管在3个月之内，卢梭便完成了稿件，但他却没能得到报酬。

1749年夏，法国专制政府借口狄德罗的《论育人书简》一书"散布危险思想"，"违反出版法"，而把他关进了范塞纳监狱。《百科全书》的工作因此而中断了。

卢梭闻讯焦急万分，心如刀割。他那富于伤感的想象力总是使他把坏事想得更坏，这次，他几乎为朋友的不幸急疯了。当他后来听说狄德罗可以在监狱的房子和院子里活动，还准许接见朋友时，便立刻去探望他。为了安慰朋友，不管事务如何忙碌，卢梭至多隔一天就去看他一次，陪他度过一个下午。

狄德罗与卢梭等人合编的百科全书

一天，在前往范塞纳堡的路上，卢梭边走边读随身携带的一本《法兰西信使》杂志，忽然看到第戎学院公告次年征文的一个题目：《科学艺术的复兴是否有助于敦风化俗?》。

一看到这个题目，卢梭心情十分激动。他后来回忆当时的感觉时说："我顿时就看到了另一个宇宙，自己变成了另一个人。"他的情感以最不可思议的速度激扬起来，提高到与思想一致的地步。他决意应征，热情洋溢地投入了这项工作。

这篇讲演写好后，卢梭拿给狄德罗看，并得到狄德罗的指点和热情鼓励。卢梭后来认为这篇作品虽然热情洋溢，气魄雄伟，却完全缺乏逻辑与层次。但这篇《论科学与艺术》的论文，却是他早期最重要的一部作品，不仅标志着卢梭早期反封建思想的形成，也蕴含了他以后的一些思想的萌芽。

在论文中，卢梭针对18世纪法国封建专制制度下上层社会的虚伪与腐朽，进行了有力的抨击。他指出，当时的社会是建筑在不平等基础上的，贵族的豪华生活是以人民的贫困为前提的，文化是为腐朽的贵族阶级服务的。他把文明社会与自然状态完全对立起来，认为人天生是自由平等的，但文明社会却到处没有自由，没有平等。在文明社会中，由于科学、艺术和文

化同财富、奢侈密切联系在一起，它不但无助于敦风化俗，反而会伤风败俗。

卢梭痛斥了贵族的富有、奢靡和腐化，赞扬了劳动者的纯朴和美德。他说："装饰的华丽可以显示出一个人的富有，优雅可以显示出一个人的趣味；但一个人的健康与茁壮则须由另外的标志来识别；只有在一个劳动者的粗布衣服下面，而不是在一个婴幸者的穿戴之下，我们才能发现强有力的身躯。装饰对于德行也同样是格格不入的，因为德行是灵魂的力量。"

在卢梭看来，奢侈无不与科学艺术相伴而行，无不与善良的风化和德行背道而驰；与其有知识或有科学艺术而无道德，还不如有道德而无知识或科学艺术。他大胆地主张以自然的、善良的天性代替"文明"的罪恶。卢梭的目的显然在于通过历史上许多由富而奢，由奢而亡的事例，指责当时的统治阶级，痛斥社会的腐败和丧失道义，揭露贵族与富人的奢侈生活是法国社会罪恶的根源。

是年年底，卢梭和戴莱丝在格勒内尔·圣奥诺雷路的朗格道克旅馆里租了一套小公寓房子，并一直在那里安静、舒适地住了7年。卢梭回忆起这段时光时，一直这样说："真正的享受不是言语所能描写出来的。"

求索

> 　　在任何场合都必须有讲真话的胆识和
> 力量。对任何献身于真理的人来说，他的
> 嘴和笔都容不得任何虚构和无稽之谈。
> 　　　　　——《一个孤独的散步者的遐想》

　　1750年7月，第戎学士院宣布卢梭应征的论文《论科学与艺术》荣获首奖。这就使卢梭声誉大振，名扬法国，成为文坛上风靡一时的人物。这篇论文的得奖和发表是卢梭一生的重大转折。

　　卢梭写道："这个消息又唤醒了我写出那篇文章时的全部观点，并且对这些观点赋予了新的力量，终于使我的父亲、我的祖国以及普鲁塔克在我童年时代灌输到我心中的那种英雄主义与道德观念的原始酵母开始发作起来了。从此我就觉得做一个自由的有道德的人，无视财富与物议而傲然自得，才是最伟大、最美好的。"卢梭以行动实践了这些原则，在财富和荣誉面前，他始终保持自己独立不羁的高尚品格。

　　这时卢梭仍然是弗兰格耶先生的秘书，他们相处

得十分融洽。杜宾夫人和弗兰格耶先生给他增加了薪金，而且这完全是他们主动做的。为了让卢梭再宽裕一些，弗兰格耶又让卢梭做了他的财务总管。

卢梭却因而感到操劳和精神不安，再次病倒了。在生病及其后的休养期间，他冷静地决定永远抛弃任何发财和进取的计划。他说："我既决定在独立和贫穷中度过我的余生，我就竭尽我灵魂的全力去挣断时间的枷锁，勇敢地做着我所认为善的一切，毫不顾忌别人的毁誉。"

这时，卢梭获奖的论文出版了，而且获得了极大的成功。这更加使他增强了信心，准备去过独立的生活，靠替人抄乐谱谋生。他觉得这种技能既适合他的爱好，又唯一能使他不屈从于人而逐日获得面包。于是，他致函弗兰格耶先生，辞去了财务总管的职务。

卢梭对任何事情都不再畏避了，他以为"要使听众信服，他该使他的行为和他所提供的原则一致。"卢梭便这样去做了，他改换了自己的装束，抛弃了镀金的饰物和白色的袜子，戴上一个圆假发，取下佩剑，把表也卖了。这是他内心中所发生的一种革命，一个世纪以后为卢梭的榜样和教训所激动的托尔斯泰所做的一样——"我真的转变了"。

从此，卢梭不再是窘迫的、怕羞的、少不更事的异国人和容易为任何事物所慑服的年轻人了。他变得大胆、骄傲和勇敢，完全蔑视他的世纪的道德、信条和成见，也完全不顾及抱着这些成见的人们的嘲笑。他说，他用自己的警句压灭他们微不足道的妙语，犹如在手指中间捏死一支小虫一般。

面对关于《论科学与艺术》的反对论调，卢梭在"致格里姆的信"里作了答辩。他自己认为这是抓住了一个送上门的机会，在这篇文章里他使公众知道，一个平头百姓也能捍卫真理，乃至和一个君主抗衡。自此，卢梭已经从内心上真正战胜了自我，一跃成为一名真正的斗士了。

既要抄乐谱，又要进行笔战，使卢梭忙得不亦乐

←日内瓦

乎。因为他成了时髦人物，而他选定的职业又刺激着人们的好奇心，所以总有客人来拜访他。他深感"要拒绝就得招来无数的仇人，要敷衍就得听人家摆布"的苦恼，开始感到，"想过清贫而独立的生活，并不总是像自己所想象的那么容易。"

为了摆脱层出不穷的纠缠，卢梭常常一个人出去散步，他想着他那庞大的思想体系，并且利用他经常带在衣袋里的白纸本子和铅笔，把想的东西写出一点来，于是，他又回到了文学的路上。

初期的成功，给卢梭带来了许多的交往，而其中也有很多文人才士，像哲学家霍尔巴赫、历史学家及哲学家雷纳尔神父等等。霍尔巴赫男爵是个暴发户的儿子，家有巨产。他在卢梭成名之前就曾托狄德罗介绍，要和卢梭结识。而卢梭很久都没有接受这份盛意，当男爵问他是什么缘故时，他说："你太富了。"当然到后来，在男爵的一再坚持下，他们还是成了朋友。

1752年春天，卢梭到帕西住了八九天，他在那儿完成了歌剧《乡村卜者》的作曲工作。为了避免再次遭到《风流诗神》的不幸，卢梭把剧本交给杜克洛去试演。结果排练得相当成功。游乐总管大臣居利先生看过试演后，就要拿着这部作品到宫廷去演出。

《乡村卜者》是在10月份上演的，这部歌剧获得佳评，卢梭也因此成为巴黎最受欢迎的人。演出那天，卢梭穿着跟平常一样的便服，满脸胡须，假发蓬乱地坐在贵妇人们中间。开始他深感不自在，但很快他就以大无畏的精神告诫自己，"我坐的是我该坐的地方，因为我是在看我的剧本演出，我是被邀请来的。""我穿得和我平时一样，既不更好，也不更坏；如果我又开始在某一件事情上向世俗的见解低头，不久就会事事都要重新受到世俗见解的奴役了。"他就以这种心绪与国王一起看完了演出。

当晚，居利先生来通知卢梭，叫他第二天11点钟到离宫去觐见国王，并说国王要赐给他一份年金。

卢梭并没有因此而高兴，相反，他却在焦灼与尴尬中度过了一夜。他最后决定拒绝这次召见，第二天早上就走了。虽然说丢掉了一份就要到手的年金，但卢梭认为这也就免除了年金会加在他身上的那副枷锁。"有了年金，真理完蛋了，自由完蛋了，勇气也完蛋了。从此以后怎么还能谈独立和淡泊呢？一接受这笔年金，我就只得阿谀逢迎，或者噤若寒蝉了。"

年底的时候，卢梭的《纳尔西斯》上演了，这次并不成功。但卢梭在为剧本作的序言中，开始阐述许多原理。"这要比直到那时为止所曾阐述的多一些"，卢梭始终认为那篇序是他的佳作之一。

　　那时，一群意大利滑稽戏演员的演出赢得了一批十分热烈的拥护者，由此引发了巴黎对法国音乐的一场争论。卢梭为此写了《论法国音乐的信》。这个小册子产生了令人难以置信的后果。当时正是议院和教会大闹纠纷的时候。议院刚被解散，群情激愤到了顶点，武装起义一触即发。

→ 尚贝里

小册子一出来，却使人们暂时抛却了争论，而只关注于法国音乐的危机。后来人们说这本小册子阻止了一场革命，倒也有一定道理。不过，因为这封"信"，卢梭被取消了歌剧院的免费入场权。

1753年11月，第戎学士院发表了以《人类不平等的起源》为题的征文章程。卢梭很惊讶这个学院居然敢把这样一个问题提出来，他被这个意义深远的题目所激动，决心以最大的勇气报名应征。

为了自由自在地思考这个重大的题目，他到凡尔赛附近的一个风景区——圣日耳曼做了一次为期七八天的旅行。他经常钻到树林深处去进行探索。他说："在那里寻找并且找到了原始时代的景象，我勇敢地描写了原始时代的历史。""我拿人为的人和自然的人对比，向他们指出，人的苦难的真正根源就在于人的所谓进化。"

《论人类不平等的起源和基础》一书就是卢梭在林中默想的结果，这也是卢梭整个思想理论体系的核心，构成了卢梭全部世界观的基础。它的社会的意义和革命的意味较首次论文更为深入。在书中，卢梭系统阐述了他的社会发展观和平等观，坚决反对封建等级制，反对社会不平等。

通过对人类历史文明发展过程的分析，卢梭指出

财产是人类不平等的起源和基础，社会不平等现象并不是像封建主义的御用理论家所宣扬的那样是自然命定的；社会划分为富人和穷人、统治者和被统治者都是人为现象，是与自然背道而驰的。

卢梭认为，人的天性是善良的、优美的，只是因为生活在腐败的社会制度里，才使他们变得邪恶和堕落。他由此得出结论：允许少数人压迫多数人，压制人的个性发展，忽视自然法则的社会制度，都是没有权利存在并且应当毁灭的。

在书中，卢梭对《论科学与艺术》一文中不正确的提法作了修正。以前他曾断言科学艺术是一切罪恶的根源，知识无益而有害，文化并不能增加幸福。而现在，他认为文明社会的奴役、贫困以及全部罪恶都是建立在私有制的基础上，科学虽然会带来奢侈，但它毕竟是社会进步的产物，科学本身是无罪的，罪恶是根源于科学所赖以存在的腐败的社会国家制度。这显示出卢梭在追求真理的道理上勇于修正错误的科学态度。

科学没有偶像，没有顶峰，错的就要纠正，对的就应坚持。1755年，《论人类不平等的起源和基础》一书出版。被誉为思想界泰斗的伏尔泰在给卢梭的致谢信中，讥讽说："从没有人用过这么大的智慧企图把我们变成畜牲。读了你的书，真的令人羡慕用四只脚走路了。"

对此，卢梭旗帜鲜明地予以了驳斥。他说他之所以强调自然人和自然状态，并不是想使人返回到野蛮状态，过野兽般的原始生活，而是为了说明人的本性，要从人类现有的性质中辨别出哪些是原始的，哪些是人为的，进而探索和认识人类不平等的起源。对来自其他人的一些攻击，卢梭也同样予以有力的回击，绝不后退半步。

1754年6月，卢梭为了职务关系，不得不离开巴黎前往日内瓦。

途经尚贝里时，卢梭又一次拜晤了华伦夫人。看到夫人苍老、憔悴的样子，卢梭非常难过，他一再敦促夫人去和他与戴莱丝一起过安安静静的生活，但终归无效。后来，华伦夫人到日内瓦看望过卢梭，这次见面令卢梭终生难忘。他深悔没有跟夫人一起走，伴她直至生命的最后一息。他一直说，"在我生平所感到的一切内疚之中，这个内疚是最强烈，最抱恨终身的。"

一到日内瓦，卢梭便沉浸于共和主义的激情之中。这种激情又因为他在那里所受到的欢迎而更加高涨。他由于受到各界人士的盛情招待和爱护而满腔沸腾着

爱国热忱，同时，他也为改信另一种宗教而被剥夺了公民权而羞惭。8月，卢梭便在日内瓦又改信了新教，重新取得了公民权。

在日内瓦的4个月里，卢梭依然保持着独自散步的爱好和习惯，在这些漫步当中，他那劳动惯了的脑子总是没有闲的时候。他琢磨着已经订好的《政治制度论》一书的纲要，又思考一部《瓦莱地方志》和一篇散文悲剧的大纲，同时，他又把塔西佗的《历史》第一卷译了出来。

10月间，卢梭回到了巴黎，开始按部就班地工作。次年，他的《论人类不平等的起源和基础》出版了，他在这部书的卷首写的是"奉献给日内瓦共和邦"。然而，这部书却给卢梭在日内瓦的国民议会中招来了许多敌人，在市民中招来了许多嫉妒者。在卢梭看来，这部作品只给他挣来了两项好处：满足了自己的良心和公民的称号。

卢梭原本打算退隐到日内瓦去，而后来终于觉得，即使以其全部炽烈的爱国热忱，也无法为祖国做出什么伟大而有益的事来。另外，埃皮奈夫人在蒙莫朗西森林附近为他修缮了一座"退隐庐"，并极力劝他留住在那里。卢梭便放弃了返居祖国的计划，决定在退隐庐住下。

就在这一年，卢梭应狄德罗的约请为《百科全书》撰写了《论政治经济学》这篇很长的论文。按照狄德罗的意图，《百科全书》应成为反对法国社会反动封建势力世界观的战斗武器，编辑部集结了一群卓越的启蒙思想家，卢梭也被这个集体中人视为志同道合者。

《论政治经济学》虽说是一本谈经济学的著作，但当时经济学和政治学还没有加以严格区别。卢梭在这篇论文里探讨的主要是政治问题，他所表述的经济思想，实际上是他的政治学说的一部分。

在论文中，他把批判的矛头再次指向封建制度，反对统治阶级享有一切特权，反对贫富对立现象，尤其是反对财产分配上的不平等。他指出，穷人"应该得到的越多，社会给予他的反倒越少"；"穷人付出来

← 尚贝里

的东西，永远不会回到他们的手里，而将留在或回到富人的手里"，而这是极不合理的。

尽管卢梭反对贫富对立，看到了私有制是社会不平等的根源，但他并不反对一般的私有制，而只是反对少数人占有大量财产、多数人却缺乏生活必需品的那种私有制。他提出了一个用平分私有财产的办法作为解决贫富不均、消除贫富对立的方案，梦想建立一个不分贫富但仍保持着私有财产的社会制度。

正是从这种反对大私有制，维持小私有制的立场出发，卢梭提出实行税制改革。他谴责法国现行税制是使国家破产的制度，认为对粮食或土地课税，必将引起贻害无穷的后果。他主张对大私有者征收财产累进税，而绝不应当对农业征税。卢梭把实行税制改革看作是同不平等现象进行斗争的重要手段。另外，他还建议制定取缔奢华和限制继承权的法律，国家应当监督国内食品、货币和商品的正确分配等。

冬天来了，春天也就不再遥远。卢梭焦急地盼望着春季来临，他就可以再次投入自然的怀抱了。

退 隐

> 我把所有一切的书都合起来。只有一本书是打开在大家眼前的，那就是自然的书。正是在这本宏伟的著作中我学会了怎样崇奉它的作者。任何一个人都找不到什么借口不读这本书，因为它向大家讲的是人人都懂得的语言。
>
> ——《爱弥儿》

1756年，44岁的卢梭接受朋友的馈赠——一座环境优美的乡村小房子，开始了他的隐居生活。

卢梭的个性适合于在乡下居住，他在巴黎住了15年，早已厌倦了城市生活。隐居之后，他便决定不再回巴黎。这时的卢梭已有点名气，不用为生活费用发愁，他继续抄乐谱，虽然不能赚大钱，但是靠得住，自给有余。他的歌剧《乡村卜者》和其他作品的收入还剩下两千法郎，其他的著作也正在整理之中，这样，生活就不至于受穷了。他的文笔和天赋已使他成为知名的文人，只要他稍微愿意把作家的手腕和出好书的努力结合起来，他的作品就可以使他生活得很富裕。

但是，卢梭觉得为面包而写作，不久就会窒息他的天才，毁灭他的才华。他的才华不是在笔上，而是在心里，完全是由一种超逸而豪迈的思维方式而产生出来的。他始终认为作家的地位只有在它不是一个行业的时候才能保持；当一个人只为维持生计而思维的时候，他的思想就难以高尚；为了能够和敢于说出伟大的真理，就绝不能屈从于对成功的追求。

卢梭隐居6年之中，写了许多著名的著作，有政治学名著《民约论》，这是世界政治学史上著名的经典

→ 沙尔麦特村卢梭隐居地

著作之一；他的政治观点，对后来的法国革命产生了很大影响。教育学论著《爱弥儿》，简述了他那独特而自由的教育思想，这是一部儿童教育的经典著作，虽然卢梭在世时，曾因此书而遭受攻击，但其独到的教育思想，不但对后来的教育学说产生了深远的影响，而且其民主自由的思想也成为法国大革命的动力。自传体小说《新爱洛伊丝》，这本书的出版，成为人人争看的畅销书，并被翻译成多种语言，风靡全欧。

1756年4月9日，卢梭携戴莱丝母子移往"退隐庐"，只是从这一天起，他说，"我才开始生活"。"在威尼斯，在公务纷忙之中，在外交使节的高位之中，在升官晋爵的骄傲之中，在晚宴的口腹享受之中，在剧院的夺目光彩之中，在虚荣的幻烟迷雾之中；对丛林、清溪、幽静的散步的回忆经常使我分心，勾起我的愁思，引起我的嗟叹和憧憬。"

卢梭从前的朋友，他的同事对此完全不理解。他们谴责他的离群索居只会成为人们闲谈的资料，或者是出于顽固不化的厌世情绪。卢梭后来对他退隐的原因进行了辩白，他说真正原因是"难以抑制的爱自由的精神，什么东西也不能制服它，在它面前，荣誉、幸运、甚至名望都不在话下。"

卢梭依仗他当时的名声和才气，完全可以走上牟

利的道路而维持他的一飞冲天之势，可他却宁愿让手中的笔继续去抄乐谱。因为，在他看来，"为面包而写作，不久就会窒息我的天才，毁灭我的才华。我的才华不在我的笔上，而在我的心里，完全是由一种超逸而豪迈的运思方式产生出来的，也只有这种运思方式才能使我的才华荣发滋长。"卢梭绝不满足也不允许自己去做一个东涂西抹的文字匠，他是注定要成为卓越的作家和思想家的。

4月的大地刚刚开始萌动，紫罗兰和迎春花已经开了，树木的芽苞也开始微笑。在万物复苏的时节，卢梭的头脑也活跃了起来。

在十三四年前，卢梭便开始构思写作《政治制度论》，他认为这是最能使他成名的著作。他通过不断的观察和研究发现，一切都从根本上与政治相联系；不管你怎样做，任何一国的人民都只能是他们政府的性质将他们造成的那样。因此，"什么是可能的最好的政府"这个问题，也就可以理解为：什么样的政府的性质能造就出最有道德、最开朗、最聪慧的人民。这些问题把卢梭引导到伟大的真理面前，而它终将有益于全人类。这部书卢梭已经在五六年前开始动笔了。

另一项工作，也是此刻卢梭最为关心的，是圣皮埃尔神父著作的摘选。这项工作并不轻松，需要细读、深思、加以摘录的，足足有 23 大本之多，冗长而混乱，充满着赘词、重复、浅薄或错误的见解，必须从中搜寻出某些伟大而美妙的思想。

卢梭还思考着第三部作品，他觉得这将是一部真正有益于人类的书。他发现大部分人在他们的生活过程中往往与他们自己不甚相似，他正致力于寻求这些变化的原因，特别注重那些操之在我的原因，以便说明人们应该怎样控制这些原因，从而变得更好，更自信。他把这部著作命名为《感性伦理学或智者的唯物主义》。

另外，卢梭还在思考着一种教育学说。这也是上述所有工作中唯一取得成果的一个。但它所带给作者的命运，却远非作者写这个题目时所能想到的。

这些计划为卢梭散步时提供了沉思默想的材料。他说，"我只能一面走着，一面沉思；一停步，我也就不能思考了；我的脑筋只跟我的双脚一齐开动。"在天气不容许他外出的时候，卢梭又储备了一项工作，编纂《音乐辞典》。变换工作方式，在卢梭看来，是一种真正解除疲劳的方式。

与戴莱丝共同生活在一个幽静宜人的地方，过着自由自在、平平稳稳、安安静静的生活，卢梭生活的天地是崭新的。这不仅在于他返归自然，更在于他已

进入了另一个精神世界。在文坛的发轫之初，他开始醉心于道德，"最高贵的骄傲在被拔除的虚荣心的遗迹上发芽滋长。他真的变了，使他的知交、相识都不敢相认。他显示出从未有过的自信，这种自信，不但存在于他的举止之中，主要还存在于他的灵魂之内。离开巴黎之后，他不再见到人，也就不再鄙视人，不再见到恶人，也就不再恨恶人，于是卢梭又变成随和、羞涩的人，又成为当年那个卢梭了。"

在整理圣皮埃尔伯爵的手稿时，卢梭感到神父在政治学方面的一些见解是肤浅的，只有一些有用但无法实施的方案。他对这些空想感到有些不知所措。最后，他决定把作者的思想和自己的思想分别表达出来，以显示出作品的全部价值。他首先完成了《永久和平》，接着又完成了《波立西诺底》和《多种委员会制》。这项工作也就到此为止了，卢梭不愿再继续下去。

一旦没有外物占据他的精力，他的思想便一个劲儿在自己身上打转。他玩味着德国的浪漫派所谓的"恋慕""悲痛沮丧的狂喜""眼泪的快乐"等等，感到极大的兴趣。卢梭44岁了，他似乎感到了"生命的暮年"，还有"为他永不曾满足的爱情所克服"之时产生出来的感情，他于是乎纵情于色情的梦境之中。

卢梭是在一年最美的季节里进行遐想的，那是6月的天气，在清凉的丛林之中，莺声呖呖，溪水潺潺。美丽的景色勾起了卢梭许多回忆，他又见到了青年时代许多使他感到飘飘然的对象。"我发现我被一群天仙，被我的旧相识，包围了起来。"卢梭一下子又变成了害相思病的情人了，他称自己是这一群幻影中"放荡的牧者"。

既然不能求得实在的人物，卢梭便把自己投入了虚幻之乡；既然看不出一点现存的东西值得作狂热的对象，卢梭便跑进一个理想世界里去培养他的狂热。在他眼前所显现出来的，是他不朽的传奇之作——《新爱洛伊丝》中的女主角金色头发的朱利和棕色头发的克莱尔。卢梭与她们遨游于蒙莫朗西的森林中，为了使他自己成为他的梦境的主人，他毫无计划地写了几篇通讯，这就成了该书开头的两个部分。

正当卢梭意气风发、热情奔放的时候，他又像被绳子一下子拽回来的风筝一样，被大自然拽回到原地来，因为他旧病复发，不得不卧床休息。在屋子里，在房梁下，他的想象力几乎凋零了。

正当卢梭耽于幻想、埋头写作时，乌德托夫人第一次来访。他们的这次会晤十分愉快，所以夫人临行时表示很有兴趣再到"退隐庐"来。

→蒙莫朗西城油画

　　那年秋季，卢梭一直忙着为埃皮奈先生看护果园。由于他提高警惕，多多操心，结果园子看得很好，虽然水果收成很坏，可产量还是达到前几年的3倍。

　　到了冬季，卢梭很想再捡起他的室内工作。可他根本无力摆脱那些虚构的场景和人物，他已经完全被它们迷住了，最后只想把它们整理出来，写成类似小说的东西。

　　这时，他却感到明显的自我矛盾。他为主人公朱利如此明目张胆地全部否定他对世界和爱情文学的指责而深感羞愧。"在我有力地宣布了那些严峻的原则之后，在多次尖刻咒骂过那些专写爱情和懒惰的软绵绵的作品之后"，他只好向敌人投降了。

在坏天气为卢梭免遭不速之客侵袭的四五个月中。卢梭订立了这部著作的写作方案。他甚至希望通过这部书平息《百科全书》所引起的那场风暴，当时基督教徒和哲学家"像发疯的狼似的"互相厮咬，当最残忍的偏执在两方都占上风的时候，卢梭向他们宣传容忍——他这样做只能使他们全体扭转枪头对付他自己。

大地回春，卢梭的狂热更加高涨，他在爱火的激奋中又为《朱利》（《新爱洛伊丝》）的后几部分写了好几封信。这时，他出乎意料地迎来了乌德托夫人的第二次来访。

在卢梭眼中，乌德托夫人简直像天使一般，"心肠好是她的基础，除了谨慎与坚强以外，她一切美德都兼而有之"。当时卢梭正陶醉于爱情之中又苦于没有对象。他在乌德托夫人身上看到了他的朱利，不久，他就只看到乌德托夫人了，但这只是具备了卢梭用来装饰他心头偶像的那一些美德的乌德托夫人。不久，他与乌德托夫人发生的恋情就像火一样燃烧起来。

这位可爱的少妇在卢梭身上引起的那种热情，是如此的强烈，卢梭后来说："我们的强烈的感情是可能使我们犯罪的，但也正因为它是强烈的，才防止了我们去犯罪。"由于双方为义务、为荣誉、为爱情、为友

谊而做出了罕见的痛苦的牺牲。

卢梭太沉醉于他的狂热了，对其他的一切都视而不见，就连他已经成了埃皮奈全家和许多不速之客的笑柄，也没有觉察出来。埃皮奈夫人曾试图离间乌德托夫人和她情人的关系，她采用的不光彩手段使她与卢梭的关系蒙上了阴影。

狄德罗和霍尔巴赫等人也经常使卢梭感到烦恼。自从他住进退隐庐以来，狄德罗便不断搅扰卢梭。他们曾预言卢梭在乡下呆不到3个月。后来，狄德罗又兴高采烈地把隐士丑化为风流情郎。另外，狄德罗在他的《私生子》一书出版后，给卢梭也寄了一本。其中一些攻击过孤寂生活的人的话使卢梭深为不快。尽管卢梭后来到巴黎访问过狄德罗和霍尔巴赫，但他们之间的裂痕却始终无法弥合。究其深层原因，是卢梭所独具的激进的平民思想精神使得他与这些人分道扬镳。

无数的苦恼接踵而来，压得卢梭郁闷不堪。他不敢再对任何人推心置腹，因而害怕起来，怕拿友谊作心灵的偶像，把一辈子白白浪费在追求一些虚无缥缈的事物上面。后来，由于拒绝陪同埃皮奈夫人到瑞士去，卢梭与夫人及狄德罗失和，终至绝交了。

卢梭史无前例地陷入了一种悲惨的境地，所有的朋友远离了他，而他又无法知道为什么要被疏远。他不得不在这年冬天迁出了退隐庐，移居到蒙莫朗西森林的另一住宅，那是孔代亲王的财务总管马达斯先生为他提供的。以后，卢梭再迁居到蒙莫朗西城，在那里有最高贵的人们——卢森堡公爵及其夫人给他最殷勤的招待。

卢梭再次成为文人学士嫉妒的目标，他们不时残酷嘲笑这位隐士，这爱好自然的人，这社会的嘲讽者，说他常设法充作大财阀和达官贵人的寓公。卢梭忍受着从这些矛盾中产生出来的痛苦，但他不能拒绝接受他的高贵的朋友慷慨赐予的思索机会。

住到路易山不久，卢梭收到了载有达朗贝《日内瓦》那篇文章的《百科全书》，他早想表达一些驳斥的意图，便凭着一片热忱拿起了笔。只用3个星期的时间，卢梭便完成了那篇《给达朗贝论戏剧的信》。他自认为这是他"写作时感到了乐趣的第一篇作品"。

1758年3月，《给达朗贝论戏剧的信》脱稿，全书弥漫着一种不含恼怒的悲哀之情。这是因为卢梭感到自己接近生命尽头的快乐，同时，他也惋惜要离开人群而人群还没有感到他的全部价值。书中也弥漫着一种温和气味，使人们感到在乡下的生活对卢梭来说，是如鱼得水，这无疑使那些断言卢梭在乡村呆不到3

个月的谣言不攻自破了。

在这部书中，卢梭创造出一种户外的讲演体裁。书中那种热情的滔滔雄辩，足以使舆论受到高度的激动。达朗贝，这个卓越的学者，五六个学术团体的会员，感到了和这个只有"日内瓦公民"一个资格的人争论，仿佛受到威胁一样有些恐惧，他把卢梭比做马丁·路德。这部书发表于1758年10月，取得了很大成功，阻止了在日内瓦建立剧院的计划，也标志着卢梭和哲学家们的决裂。

9月，《新爱洛伊丝》终于完成了，卢梭把书稿交给了出版商。这部小说的发表，已经是1761年1月的事了。《新爱洛伊丝》是卢梭的一部颇有影响的文学作品，在法国文学史上占有重要的地位。尽管那个时代有才华的作家都很嫉妒他，伏尔泰也大肆咆哮，但公众的舆论却欣喜若狂，特别是受到宫廷妇女的欢呼。所有的批评指责都被热情的巨浪一扫而光了。

卢梭之所以把他的这部小说叫作《新爱洛伊丝》，是因为书中的一对情侣与中世纪法国哲学家阿贝拉尔和他的女学生爱洛伊丝一样，都以悲剧结束了他们的恋爱史。

小说描写的是一个平民出身的男教师圣·普乐同一个贵族出身的女学生朱利的爱情故事。朱利的父亲是一个封建等级偏见很深的贵族，他坚决反对把女儿嫁给平民出身的圣·普乐，而替她选择了一个贵族德·伏勒玛为婿。婚后，朱利向丈夫坦白了她的这段恋爱史，德·伏勒玛表示对自己妻子的信任，并请圣·普乐回来。朱利和圣·普乐朝夕相见，极力克制自己的感情，但内心非常痛苦。最后，以朱利的死亡结束了这个故事，酿成悲剧。

小说是以书信形式写成的，通过这样一个动人肺腑的爱情故事，卢梭揭露出封建等级压抑人的感情的罪恶，成了他们不幸的根源，并揭示了"自然道德"与封建道德的尖锐对立，针对贵族的虚伪道德提出了一种合乎自然情感的家庭道德，针对色情和荒淫提倡一种更纯洁、更健康的感情生活。卢梭想"把性爱的幻想转向道德的目标"来恢复自己的名誉，在这一点上他成功了，他的作品高度的道德水平已没有争辩的余地。自由的热情和说教的道德的这种混合虽然今天看来使他的小说笨重而僵硬，但在当时的时代却达到了难以形容的成功。

沉 思

生活，这就是我要教他的技能。从我的门下出去，我承认，他既不是文官，也不是武人，也不是僧侣；他首先是人：一个人应该怎样做人，他在紧急关头，而且不论对谁，都能尽到做人的本分；命运无法使他改变地位，他始终将处在他的地位上。

——《爱弥儿》

《新爱洛伊丝》完成以后，卢梭便开始执笔写作《爱弥儿》一书。这部书是以小说的形式讨论教育问题的，卢梭曾说，这是他经过20年的思考，用了3年的时间而完成的他最满意、最系统的一部著作。在他手头，还有两部作品。一部是《政治制度论》，但他最后放弃了这部作品，只是把其中独立的部分抽出来，整理成后来的《社会契约论》，而把其余的都付之一炬。另外是《音乐辞典》，这是个机动的工作。而《感性伦理学》一直停留在提纲阶段，最后放弃了。

蒙莫朗西原来是以这个地方命名的那个名门望族

的古老而幽美的产
业，后来遭到没收，
便不属于这个家族
了。它后来又传到了
孔代家族，名字也改
为昂吉安。这里有一
座私人房屋，其富丽
堂皇足以与最华贵的
府第相媲美，卢森堡

← 《爱弥儿》书影

公爵元帅每年都要在这里度过五六个星期。很快，卢
梭就和元帅一家相识了。

在交往中，元帅与夫人对卢梭十分友好，而且这
种友谊日甚一日。在元帅的盛情邀请之下，卢梭于
1759年5月，移住蒙莫朗西城。

在那个深沉恬静的幽境里，对着四周的林泉，听
着各种鸟儿的歌声，闻着橙花的香气，卢梭在悠然神
往中写了《爱弥儿》的第五卷。这卷书的清新色彩，
卢梭自认为大部分都得之于写书的环境所给他的那种
强烈印象。

在元帅府上小住的那些日子，卢梭生活得跟在天
堂一样纯真，品尝着天堂一样的幸福。但他也没有忘
记他在离开退隐庐时立下的一条规定：要经常有个属

于自己的住所。在路易山的小房子修好后，卢梭就把它布置得干干净净、简单朴素，又回去住下了。不久，卢梭又有了第三个住所，就在巴黎的卢森堡公馆，不过卢梭只是在约定的时期到那里去看望元帅夫妇。

在路易山居住的这段时期，有许多显赫的大人物来拜访卢梭，当然，这也在于卢森堡先生和夫人对他的厚爱。香火的烟云始终未能熏昏卢梭的头脑，他仍然和左邻右舍的普通人保持着密切的交往，而且认为除了那种平淡而简单的生活之外就再无幸福可言了。

1760年，卢梭48岁。《爱弥儿》和《社会契约论》两部作品都已经正式动笔了。年底，《新爱洛伊丝》还没有出版，就已经哄传开来。卢森堡夫人在宫廷里谈过它，乌德托夫人在巴黎谈过它。后者还把手抄本给波兰国王读了，国王欣赏之至。全巴黎都急于要看这部小说。

次年，《新爱洛伊丝》出版了。这部书在法国比在欧洲其他任何国家都更为成功。卢梭后来说："今天，到处一片腐化，风化和道德在欧洲都已荡然无存了。但是，如果说风化和道德还有若干爱慕之情存在的话，那就必须到巴黎才能找到。"

夏天，《爱弥儿》与《社会契约论》相继脱稿。卢梭计划着这将是他文墨生涯的结束。他算计这两部著

作将使他净赚到
8000到10000法郎的
一笔巨款，他将从
这个数字中为他和
他的戴莱丝购得一
笔终身年金。这打
算成功后，他将到
外省找个偏僻地方
隐居起来，趁暇写
作他一生的行述。
他没想到可怕的浪

→ 《社会契约论》书影

潮已准备向他袭来，把他从蒙莫朗西的寓居抛出来，
并追逐着他，直到他生命的终结。

《社会契约论》的印刷很顺利，可《爱弥儿》就
不一样了，总是迟迟没有进展。秋末，卢梭又一次病
了，卧床不起。他的身体一天比一天坏下去，《爱弥
儿》的印刷一天比一天慢下去，最后竟完全停顿了。
卢梭因而心生疑虑，认为这是耶稣会教士看了他所用
的那种鄙视的语气后暴跳如雷，因而阴谋阉割、篡改
他的作品。

税务法庭首席庭长，当时主管出版事业的马勒赛
尔卜先生以及卢森堡夫人都为出版工作尽了不少力，

最后，印刷总算开始了，而且进行得比较顺利。

马勒赛尔卜先生因此得到了卢梭的信任，他又想起了包围他的那个哲学家集团所不断给他灌输的那些话，因而写信劝卢梭不要执拗地在乡间生活。这时正是1762年1月。

汉译世界学术名著丛书

社会契约论

[法] 卢梭 著

卢梭看到他如此敬仰的一个人居然会有这样错误的看法，颇为感慨，便给他一连写了4封信，说明自己行为的真正动机。在这4封信里，卢梭忠实地描写了自己的爱好、志趣、性格及全部心事。这是他生平唯一一气呵成的作品，或多或少地具备了他后来的回忆录的雏形。

4月，《社会契约论》初版出行。这是卢梭的政治学代表作，它概括了卢梭政治学说的基本原理，提出了一个民主的、平等的社会政治制度的原则，主张建立以社会契约为基础的民主共和国的国家制度，集中体现了他的民主主义政治思想。

描述人和社会关系的《社会契约论》也许是卢梭最重要的著作，其中开头写道"人是生而自由的，但却无往不在枷锁之中"。这本书于1762年出版，当时无人问津，但后来成为了反映西方传统政治思想的最有影响力的著作之一。与他早期作品相反，卢梭认为自然状态是没有法律和道德的兽性状态，好人是因为社会的出现才有的。自然状态下，常有个人能力无法应付的境况，必须通过与其他人的联合才能生存，因而大家都愿意联合起来。人们联合在一起，以一个集体的形式而存在，这就形成了社会。社会的契约是人们对成员的社会地位的协议。

在《论人类不平等的起源和基础》中，卢梭尝试把政府的出现解释为统治者与被统治者的一种契约。人们愿意放弃个人自由并被他人所统治的唯一原因，是他们看到个人的权利、快乐和财产在一个有正规政府的社会比在一个无政府的、人人只顾自己的社会能够得到更好的保护。不过，卢梭又指出原始的契约有着明显的缺陷。社会中最富有和最有权力的人"欺骗"了大众，使不平等成为人类社会一个永恒的特点。他在《社会契约论》中提到，统治者与被统治者的契约应该被重新思考。政府不应该是保护少数人的财富和权利，而是应该着眼于每一个人的权利和平等。不管任何形式的政府，如果它没有对每一个人的权利、自由和平等负责，那它就破坏了作为政治职权根本的社会契约。

这种思想是法国大革命和美国革命的根本。事实上，说法国和美国革命是卢梭在社会契约上的抽象理论的直接结果毫不过分。罗伯斯庇尔就是卢梭的忠实信徒，被称为"行走中的卢梭"。

卢梭是最早攻击私人财产制度的现代作家之一，同时，他质疑多数人的意愿是否一定正确。他指出，政府应该排除多数人（见民主）意愿的影响，捍卫自由、平等和公正。

卢梭的政治哲学中最主要的原则是政治不应与道德分离。当一个国家不能以德服人，它就不能正常地发挥本身的功能，也不能建立对个人的权威。第二个重要的原则是自由，捍卫自由是国家建立的目的之一。这也是法国大革命由政治革命而社会革命，再由社会革命而道德革命，规模和程度远超英美的一个渊源。

卢梭提出：在自然状态（动物所处的状态和人类文明及社会出现以前的状态）下，人本质上是好的，是"高贵的野蛮人"。好人被他们的社会经历所折磨和侵蚀。而社会的发展导致了人类不幸的继续。卢梭的《论科学与艺术》强调，艺术与科学的进步并没有给人类带来好处。他认为知识的积累加强了政府的统治而压制了个人的自由。他总结得，物质文明的发展事实上破坏了真挚的友谊，取而代之的是嫉妒、畏惧和怀疑。

"人是生而自由的，却无往不在枷锁之中"，在《社会契约论》一开头，卢梭便悲怆地解说生而自由的人如何被文明社会的强制力所束缚，从而使我们看到了他浪漫的反叛精神。而这种极端的浪漫主义是与启蒙运动的理性主义传统丝毫不同的。

然而，他毕竟不能不正视他在《论人类不平等的起源和基础》中所嫌恶的社会和国家。在《社会契约

论》中，他同样对文明社会抱有浪漫式的反感，但他没有进而主张必须抛弃文明社会，而是着手为文明社会的合法性提供理论基础。他现在又好像是一个冷静的理性主义者了。

卢梭从自然状态入手，把社会契约看成有助于从自然状态转变到文明社会的必要手段。自然状态中的离群寡居生活发展到一定阶段，不论它多么动人，都会产生威胁人类生存的困难，这就决定了由自然状态向文明社会的转变。这一转变带来了严重的问题，因为它威胁着人们的天赋自由。

寻求权威与自由的统一，正是卢梭所要解决的问题。他认为，社会契约是达到这种和谐一致的最好手段。通过社会契约的办法，个人并未把他在文明社会形成之前一直享有的任何天赋权利转让给某一个人或某一群人，只是转让给了社会，这个社会既代表他人利益，也代表自己的利益。国家的人民实际上是受公意支配的，公意体现了全体人自由而合理的意志，它不是与人民的自由相背离的。因此，卢梭认为，国家对个人统治并不可怕；人归根结底需要强制，才能自由。

卢梭由此创立了新的主权理论。在他看来，唯有公意在国家中拥有主权，只有来自人民的公意的权力，

←卢梭

人民才能认可。公意是不可转让和不可分割的。在公意统治人民时，人民决不应抱怨他们的自由受到了侵蚀。因为对主权的服从不再是对任何外来权力的服从，而实际上是服从自己。

　　卢梭似乎非常成功地设想出一种体制，在这种体制中，政府不再意味着一个人或一些人的专制统治，而是一个自我管理的政府。只有把社会设想为天使所居住的仙境，公意的作用才能成为美妙的道德标准，根据这一标准，自由与权威才能和谐统一。但实际上社会远非如此，卢梭的设计便成了一种虚无缥缈的幻想。

　　尽管《社会契约论》的思想中潜伏着某种危险因素，即它为任何专制统治者都提供了一个很方便的借口——公意，但这部书确实起到了推动资产阶级革命的作用。它是世界政治学说史上最著名的古典文献之一。它在30年后成为罗伯斯庇尔决定国策的要籍，为法国未来的资产阶级民主共和国提出了一个设计方案。卢梭不愧为法国大革命的思想先驱。

　　卢梭那时候有许多敌人，国王的宠姬蓬巴朴夫人；可畏的首相和大臣施瓦瑟尔；巴黎舆论的制造者德芳夫人和莱斯皮纳小姐；以满怀猜疑和怨恨的伏尔泰为首的一批"哲学家"；律师和国会议员中的中产阶级人士，他们开始猜疑这个外国人大胆而革命的思想里包含的潜在危险；还有无神论者和迷信盲从者的奇怪的联盟，他们都在密切注视着一种著作，虽然卢梭自己并不觉得这著作会有什么危险。

这部著作不是《社会契约论》，《社会契约论》在出版时并不被人注意，而是5月末出版的《爱弥儿》，它把卢梭抛到了前所未有的悲惨境地。

按照法国当时的习俗，一本书出版之前必须经过某些知名人士的传阅。《爱弥儿》经过外界传阅后，顿时成为大家争论的中心。令人奇怪的是，卢梭这本天真无邪、充满灵感和独具创见的教育学著作，反而被外界视为异端邪说，还被法国法庭列为禁书。

起初，卢梭对外界的传闻并不在意，他想这本教育学著作是为了人类的幸福而写的，怎么会遭受知识分子、教会和国家的反对呢？怎么会将他看成邪恶之徒呢？在外界的压力下，出版社也劝卢梭不要用真实姓名发表这本书，但卢梭坚持要面对那些无谓的攻击。他想他一直服从国家的法律制度，努力做一个忠顺的公民，像其他法国人一样遵守国家法律，总不至于因热爱人类，追求人类幸福而遭受迫害吧。但是厄运偏偏降临到了他的头上，舆论界把卢梭看成了罪犯。

一天晚上，卢梭正在床上阅读圣经。有人送信来，说法院明天——就要派人逮捕他，最高法院判决将《爱弥儿》焚毁，并立即发出逮捕令，要将卢梭打入监牢。不得已卢梭只好告别朋友，离开法国去了瑞士。不久这个国家也命令他在一天之内离开瑞士领土，尔

后卢梭又搬到普鲁士国管辖的地区。与此同时，欧洲读者不断来信，女士、年轻人和年轻的哲学家纷纷来函，请求卢梭给予指导，这使他在精神上受到很大鼓舞。以后，卢梭又应英国哲学家休谟的邀请，去了英国，终因与休谟之间的分歧愈来愈大而离开英国。他不得已改名回到法国，重新过隐居的生活。流亡生涯、不安宁的岁月并未影响到卢梭的著述。他先后著有《忏悔录》《一个孤独的散步者的遐想》《山中书信》《公民的情感》等著作。

卢梭在很长时间内都没有认识到他面临的威胁。平常极易产生没来由的恐惧的他，却拒绝听取他的朋友们的许多警告，他们都担心《爱弥儿》的即将出版会引起麻烦。卢梭完全沉浸在他写这部书的狂热中间，这部书是他的孩子们得而复失的补偿。他和戴莱丝住在一座孤岛似的小别墅里，何曾听见在蒙莫朗西森林边上喧响的雷声。

《爱弥儿》的出版，没有引起卢梭所有的作品出版时曾博得的轰轰烈烈的掌声。卢梭后来说："从来没有一部著作曾获得那么多的私下的颂扬，也从来没有一部著作曾获得那么少的公开的赞美。"正如一位先生所评价的那样，"这是部极好的书，但是不久就会众口喧腾，超过作者所希望的程度。"

人们不禁要问，《爱弥儿》究竟是怎样的一部书呢？《爱弥儿》不仅是教育学的名著，卢梭在书中也阐发了他的哲学、政治和伦理思想。

卢梭通过对他所假设的教育对象"爱弥儿"进行教育的过程，来反对封建教育制度，阐述他的教育思想。他认为，要建立一个美好的社会，就必须改造个人，为此，他提出了一个如何培养新社会的新人的教育计划。

卢梭从他的自然哲学观点出发，主张服从自然的永恒法则、听任人的身心自由发展的"自然教育"。他肯定良好的社会制度是最善于发展人的本性的那种制度，而封建社会使人堕落变坏，从这种社会里必然会产生堕落的人。卢梭因而主张在腐败的社会之外，在大自然的怀抱里与自然发展过程相适应地教育儿童，把他们从腐败社会的恶劣影响下拯救出来。他要通过这种"自然教育"，尽量发展儿童的个性，使他们能够掌握农业和各种手工业劳动，并自由自在地享受大自然赋予的权利，人人平等，互助互爱。

卢梭的教育思想对于当时的封建专制教育和宗教教规无疑构成了有力的批判，在当时学校依附于教会并以宗教信条束缚儿童的个性发展的情况下，具有反封建的进步意义。

　　《爱弥儿》在荷兰出版后不到20天，在还没有来得及把书运到法国以前，法国巴黎国会便宣布把这部书烧毁，巴黎天主教会发出了声讨书，法院下了通缉令。就在6月11日，这部书在巴黎的正义宫的大楼梯脚下被撕碎并且公开被烧毁。当时还传说，仅仅烧书是不够的，作者也应当烧死。

　　卢梭的保护人，法国最高层的贵族——卢森堡、布弗莱、孔蒂——害怕因他而受牵连，他们都怂恿卢梭出逃。于是，6月11日那天，卢梭遵从劝告逃走了。

卢梭将野花送给喂奶的母亲

流亡

> 我就是这样以自己的方式来报复那些
> 迫害我的人的。我让他们大失所望，我让
> 自己幸福的这一事实来惩罚他们，这是我
> 对他们的最残酷的惩罚。
>
> ——《一个孤独的漫步者的退想》

几乎不可思议的是，从动身的第二天起，卢梭便把刚刚发生的事抛在脑后了。他回想起动身前读的那卷书，也想起了诗人格斯耐尔的《牧歌》。这两个念头交织在他头脑中，使他最后用格斯耐尔的诗体，写出了《以法莲山的利来人》这部作品。这篇诗有着动人的淳朴风尚，鲜艳的色彩，贴切地性格勾画，古色古香的质朴。这是在流亡的路上写出的诗作，我们却会从中感受到无怨无艾的心灵的快乐。

卢梭一进入伯尔尼邦境内，这里属于他的祖国瑞士，就叫车子停下来，走下车，趴下来亲吻大地，他激动地叫道："天啊！你是道德的保护者，我赞美你，我踏上自由的土地了！"

→卢梭

　　对于瑞士的"自由"，卢梭不久就醒悟了。他的敌
人以不可置信的手段去迫害他，使他几乎无容身之地。
巴黎焚书的第九天，日内瓦也开始焚毁《爱弥儿》，随
即是伯尔尼，然后是纳沙特尔，整个欧洲响起一片诅
咒的声音。卢梭后来悲痛地回忆道："黑暗的樊篱从此
开始了；8年来，我就一直禁锢在这个牢笼里，不论我

用什么办法都没能刺透它那骇人的黑影。"

1762年6月14日，卢梭到了以弗东，住在他的老朋友罗甘先生家中。这时，他听说日内瓦也发出了通缉令。这两个通缉令足以显示出全欧洲的愤激之情是史无前例的。

很快，伯尔尼邦又掀起一场反对卢梭的风暴，风传有命令要向卢梭下达。于是，7月1日，卢梭离开了以弗东。日内瓦与法国都对他关闭了大门，他真的是叫天不应、叫地不灵，无立锥之地了。

这时，杜尔夫人建议卢梭到她儿子的一座空房子去住，它在讷沙泰尔邦的莫蒂埃村。当时整个的讷沙泰尔邦都在普鲁士统治下，在那里，卢梭自然而然地会少受迫害。尽管卢梭对普鲁士国王有一种厌恶之情，认为他和他的所作所为，把对自然法则和对人类义务的任何尊严都践踏尽了。而在这种时候，也只能放胆去听凭他的摆布了。

这样，卢梭便在特拉维尔山谷中安顿下来。不久，戴莱丝也来到了莫蒂埃村。在讷沙泰尔总督吉斯勋爵、马沙尔爵士的保护之下，卢梭停留了两年半的时间。

卢梭虽然受到普鲁士国王和元帅勋爵的保护，避免在避难地方受到迫害，可他还是无法逃离公众的、市政官吏的以及牧师们的嘀嘀咕咕。在卢梭看来，似

乎全世界在联合攻击他，一张阴谋的黑网时刻使他受到最可怕的煎熬。

来自巴黎总主教的那份训谕更使卢梭痛心，因为他始终是敬仰这个人的。他觉得义不容辞，必须予以答复。11月，他发表了"致克利斯托夫·德·波蒙信"，既尊重名义上的作者，又给作品以致命的打击。第二年3月，这封信出版了。

1763年4月，卢梭取得了讷沙泰尔市民权。他已经深切地感到自己被同胞抛弃了，便下定决心放弃那忘恩负义的祖国。"本来我就一直没有在祖国生活过，也没有得到祖国的任何好处、任何帮助，而作为我努力为它争光的报答，我竟被这样卑鄙地对待了，而且是举国一致的对待。"5月，卢梭致信当年的首席执行委员，放弃了日内瓦的公民权。

1764年，卢梭已经52岁了，他很长时间里都专心致志于植物学，过着安静甜美的生活。然而现实却并不允许他的平静。

在日内瓦逐渐形成了两派势力，一派是保卫卢梭的国民代表，另一派是反对卢梭的议会。检察长特龙香写了一部无限巧妙的《乡间来信》来袒护议会，一时间，国民代表派被它弄得哑口无言。

从6月到10月，卢梭在国民代表们的怂恿下着手驳斥《乡间来信》，他把原作的名称戏改为《山中来信》，作为自己作品的名称。在这个册子里，卢梭重新登上战场，他猛烈地攻击他的敌人，即日内瓦的教会和国家，并用真正基督教的名义，控诉基督新教是伪善者。

←卢梭正在采取植物标本

　　《山中来信》的出版，宛如一声惊雷，在日内瓦和凡尔赛爆炸了。小议会在法国代办煽动下，在检察长指使下，发表了一个宣言，将《山中来信》焚毁。原本支持卢梭的国民代表们不但不保卫这部应他们的请求写出的作品，反而躲了起来，把它当作自己的盾牌。

　　《山中来信》的发表，在讷沙泰尔最初引起的反响是微不足道的。然后，风潮开始了。1765年3月，《山中来信》在巴黎被判焚毁。骚乱的中心不久就从日内瓦，从伯尔尼，从凡尔赛宫移到讷沙泰尔来了，特别是移到特拉维尔谷地来了。

　　一些无知小民不知在什么人的策动下逐渐愤激起

来，直至发展到疯狂的程度。他们在大白天就公开侮辱卢梭，不但在乡间、在路上，甚至在大街上也是如此。

全体牧师们执着武器站起来了，莫蒂埃的教堂对他闭门不纳，教会拒绝他参加圣餐礼。在宣教的讲坛上，卢梭被宣布为反基督的人；在乡间，他被当作妖精驱赶。当他安安静静地散步的时候，四周都是流氓的叱骂，还时而有小石头掷来，他还受到枪杀的威胁。

在通缉令和迫害闹得最疯狂的时候，日内瓦人显得格外突出，卢梭从前的一些朋友这时也大叫大喊起来，并极尽污蔑诽谤之能事，这使得骚乱更加激烈了。尽管有国王的历次诏令，尽管有邦议会的三令五申，尽管有本地领主和行政官员多次的警告，民众仍然把卢梭当作反基督的人看待，他们在酝酿着更大规模的骚乱。

1765年9月6日晚上，愤怒的莫蒂埃村民袭击了卢梭的住宅，石头像冰雹一样扔进房间里，把长廊里那条狗也吓得不敢作声，躲在一个角落里又咬又抓。幸好有人去叫来了领主和警卫队，才避免了悲剧的发生。但卢梭在特拉维尔谷地住了两年半之后，再以坚定不移的精神忍受了8个月最恶劣的待遇之后，不得不离开特拉维尔谷地了。

　　9月12日，卢梭迁居到圣皮埃尔岛，这里是伯尔尼医院的产业，在比埃纳湖中心，卢梭在上年的徒步旅行时曾游览过这个岛。卢梭准备在这里向他的时代、向他的同时代人告别了。他说："浪漫盘算的年龄过去了，荣华富贵的云烟曾使我头昏脑胀，并没有使我心旷神怡，剩下来的只有最后一个希望，希望能无拘无束地在永恒的闲散中过生活。"

　　岛上的生活使卢梭体验到从未有过的自由和幸福，正当他在饱览湖内外风光的乐趣，考察和解剖手边的各种植物，像又一个鲁滨逊那样，在小岛上为自己建造一个幻想的幽居的时候，厄运已经悄悄向他走过来了。

　　圣皮埃尔岛是尼多法官的司法辖区，10月初，他向卢梭下达了邦议会的命令，要卢梭离开这个岛，离开他的辖境。时值入冬之际，一个衰老赢弱，既无目标，又无准备，既无车夫，又无车辆的老人收到如此残酷的命令，该是怎样一种心境啊！

　　好几年来，他被各式各样的狂风暴雨震撼着、冲击着，横遭迫害，到处奔波，朋友抛弃了他，祖国抛弃了他，他已经疲惫不堪，比任何时候都需要可爱的清闲、身心的恬静。可是，命运又再次逼迫他走上了流亡之路，还不得不与心爱的人分开，让戴莱丝暂且

留在岛上看护他的衣物、书籍。

柏林是卢梭原定的目的地，而他最终却没能按计划来到腓特烈二世身边，而是经由巴黎于1766年初到了英国伦敦。

大卫·休谟是英国著名哲学家，他在法国也享有盛誉，特别在百科全书派中间，这是因为他写了一些论商业和政治的著述。在卢梭居住在莫蒂埃村期间，休谟便曾热忱地邀请他到英国去，但卢梭觉得"生来对英国就没有什么好感，非到万不得已时不愿出此下策"。在卢梭无法居留的巴黎，他不得不最后选择了这条下策。

2月，戴莱丝来到英国，这使卢梭久经磨难的心灵

感到了一丝安慰。3月1日，他们一同迁往得比郡的乌登。

卢梭与休谟之间很少有共同的语言，素以冷酷讽刺著名的休谟，他的模棱两可的态度，以及和他的来宾的籍隶英法的最大敌人有着秘密交往，这使得卢梭始而惊疑，继而愤怒。他猜测休谟亦是敌对阵垒中的代理人之一。休谟的该受谴责的轻率表现在，他把卢梭的发狂和心事的秘密毫不犹豫地告诉给了百科全书派和对他怀有敌意的世界，这证实了卢梭的疑虑是有道理的，也因此与休谟发生了争执。

这无疑是对卢梭的又一次打击，终于使他在极度惊慌中于1768年5月逃离了英国。但这是后话。在乌登的时候，卢梭完成了他的另一部伟大著作《忏悔录》的第一部。

写作回忆录的计划，卢梭早已有之。在1764年底，他读了伏尔泰的《市民所感》，便下决心写作《忏悔录》。这部书成了他颠沛流离的逃亡生活的记载。

在莫蒂埃和圣皮埃尔岛时，卢梭仅仅写了《忏悔录》第一章，逃到英国的乌登之后，他完成了第一章到第五章前半部分，第五章到第六章则是他到法国后，住在特利堡时完成的，这些构成了《忏悔录》的第一部。

　　这是一部在残酷迫害下写成的自传，一部在四面受敌的情况下为自己的存在辩护的自传，开篇便显出了一种逼人的悲愤所具有的震撼人心的力量。

　　不管末日审判的号角什么时候吹响，我都敢拿着这本书走到至高无上的审判者面前，果敢地大声说：请看！这就是我所做过的，这就是我所想过的，我当时就是那样的人……请您把那无数的众生叫到我跟前来。……看看有谁敢于对您说："我比这个人好！"

　　我现在要做一项既无先例、将来也不会有人仿效的艰巨工作。我要把一个人的真实面目赤裸裸地揭露在世人面前。这个人就是我。

　　展现真实的自我，也就是对敌人的最好反驳。卢梭实践了自己的诺言，他以真诚坦率的态度讲述了他的生活经历、思想感情和性格人品各个方面。这使我们看到，主人公的自我形象不只是发射出理想的光辉，也不只是裹在意识形态的诗意里，而是呈现出了惊人的真实。在他身上，既有崇高优美，也有卑劣丑恶，既有坚强的力量，也有软弱和怯懦，既有朴实真诚，也有弄虚作假，既有精神和道德的美，也有某种市井无赖的习气。《忏悔录》由此成为人类历史上第一部真实的自传。

　　《忏海录》是一个激进的平民思想家与反动统治

激烈冲突的结果。它是一个平民知识分子在封建专制压迫面前维护自己不仅是作为一个人、更重要的是作为一个普通人的人权和尊严的作品，是对统治阶级迫害和污蔑的反击。它首先使我们感到可贵的是，其中充满了平民的自信、自重和骄傲，总之，一种高昂的平民精神。

由于作者的经历，他有条件在这部自传里展示一个平民的世界，使我们看到十八世纪的女仆、听差、农民、小店主、下层知识分子以及卢梭自己的平民家族：钟表匠、技师、小资产阶级妇女。把这样多的平民形象带进十八世纪文学，在卢梭之前只有勒·萨日。但勒·萨日在《吉尔·布拉斯》中往往只是把这些人

物当作不断蔓延的故事情节的一部分，限于描写他们的外部形象。卢梭在《忏悔录》中则完全不同，他所注重的是这些平民人物的思想感情、品质、人格和性格特点，虽然《忏悔录》对这些人物的形貌的描写是很不充分的，但却足以使读者了解十八世纪这个阶层的精神状况、道德水平、爱好与兴趣、愿望与追求。在这里，卢梭致力于发掘平民的精神境界中一切有价值的东西：自然淳朴的人性、值得赞美的道德情操、出色的聪明才智和健康的生活趣味等等。他把他平民家庭中那亲切宁静的柔情描写得多么动人啊，使它在那冰冷无情的社会大海的背景上，像是一个始终召唤着他的温情之岛。他笔下的农民都是一些朴实的形象，特别是那个冒着被税吏发现后就会被逼得破产的拿出丰盛食物款待他的农民，表现了多么高贵的慷慨；他遇到的那个小店主是那么忠厚和富有同情心，竟允许一个素不相识的流浪者在他店里骗吃了一顿饭；他亲密的伙伴、华伦夫人的男仆阿奈不仅人格高尚，而且有广博的学识和出色的才干；此外，还有"善良的小伙子"平民乐师勒·麦特尔、他的少年流浪汉朋友"聪明的巴克勒"、可怜的女仆"和善、聪明和绝对诚实的"玛丽永，他们在那恶浊的社会环境里也都发散出了清新的气息，使卢梭对他们一直保持着美好的记忆。另一方面，卢梭又以不加掩饰的厌恶和鄙视追述了他所遇见的统治阶级和上流社会中的各种人物："羹匙"贵族的后裔德·彭维尔先生"不是个有德的人"；首席法官西蒙先生是"一个不断向贵妇们献殷勤的小猴子"；教会人物几乎都有"伪善或厚颜无耻的丑态"，其中还有不少淫邪的色情狂；贵妇人的习气是轻浮和寡廉鲜耻，有的"名声很坏"；至于巴黎的权贵，无不道德沦丧、性情刁钻、伪善阴险。在卢梭的眼里，平民的世界远比上流社会来得高尚、优越。早在第一篇论文中，他就进行过这样的对比："只有在庄稼人的粗布衣服下面，而不是在廷臣的绣金衣服下面，才能发现有力的身躯。装饰与德行是格格不入的，因为德行是灵魂的力量。"这种对"布衣"的崇尚，对权贵的贬责，在《忏悔录》里又有了再一次的发挥，他这样总结说："为什么我年轻的时候遇到了这样多的好人，到我年纪大了的时候，好人就那样少了呢？是好人绝种了吗？不是的，这是由于我今天需要找好人的社会阶层已经不再是我当年遇到好人的那个社会阶层了。在一般平民中间，虽然只偶尔流露热情，但自然情感却是随时可以见到的。在上流社会中，则连这种自然情感也完全窒息了。他们在情感的幌子下，只受利益或虚荣心的支配。"卢梭自传中强烈的平民精神，使他在

文学史上获得了他所独有的特色，法国人自己说得好：
"没有一个作家像卢梭这样善于把穷人表现得卓越不
凡。"

当然，《忏悔录》中那种平民的自信和骄傲，主要
还是表现在卢梭对自我形象的描绘上。尽管卢梭受到
了种种责难和攻击，但他深信在自己的"布衣"之下，
比"廷臣的绣金衣服"下面更有"灵魂"和"力量"。
在我们看来，实际上也的确如此。他在那个充满了虚
荣的社会里，敢于公开表示自己对于下层、对于平民
的深情，不以自己"低贱"的出身、不以他过去的贫
寒困顿为耻，而宣布那是他的幸福年代，他把淳朴自
然视为自己贫贱生活中最可宝贵的财富，他骄傲地展

示自己生活中那些为高贵者的生活所不具有的健康的、闪光的东西以及他在贫贱生活中所获得、所保持着的那种精神上、节操上的丰采。

他告诉读者，他从自己那充满真挚温情的平民家庭中获得了"一颗多情的心"，虽然他把这视为"一生不幸的根源"，但一直以他"温柔多情"、具有真情实感而自豪；他又从"淳朴的农村生活"中得到了"不可估量的好处"，"心里豁然开朗，懂得了友情"，虽然他后来也做过不够朋友的事，但更多的时候是在友情与功利之间选择了前者，甚至为了和流浪少年巴克勒的友谊而高唱着"再见吧，都城，再见吧，宫廷、野心、虚荣心，再见吧，爱情和美人"，离开了为他提供"飞黄腾达"的机遇的古丰伯爵。

他过着贫穷的生活，却有自己丰富的精神世界。他很早就对读书"有一种罕有的兴趣"，即使是在当学徒的时候，也甘冒受惩罚的危险而坚持读书，甚至为了得到书籍而当掉了自己的衬衫和领带。他博览群书，从古希腊、罗马的经典著作一直到当代的启蒙论著，从文学、历史一直到自然科学读物，长期的读书生活唤起了他"更高尚的感情"，形成了他高出于上层阶级的精神境界。

他热爱知识，有着令人敬佩的好学精神，他学习

勤奋刻苦，表现出"难以置信的毅力"。在流浪中，他坚持不懈；疾病缠身时，他也没有中断；"死亡的逼近不但没有削弱我研究学问的兴趣，似乎反而更使我兴致勃勃地研究起学问来"。他为获得更多的知识，总是最大限度地利用他的时间，劳动的时候背诵，散步的时候构思。经过长期的努力，他在数学、天文学、历史、地理、哲学和音乐等各个领域积累了广博的学识，为自己创造了作为一个思想家、一个文化巨人所必须具备的条件。他富有进取精神，学会了音乐基本理论，又进一步尝试作曲，读了伏尔泰的作品，又产生了"要学会用优雅的风格写文章的愿望"；他这样艰苦地攀登，终于达到当代文化的高峰。

他生活在充满虚荣和奢侈的社会环境中，却保持了清高的态度，把贫富置之度外，"一生中的任何时候，从没有过因为考虑贫富问题而令我心花怒放或忧心忡忡。"他比那些庸人高出许多倍，不爱慕荣华富贵，不追求显赫闻达，"在那一生难忘的坎坷不平和变化无常的遭遇中"，也"始终不变"。巴黎"一切真正富丽堂皇的情景"使他反感，他成名之后，也"不愿意在这个都市长久居住下去"，他之所以在这里居住了一个时期，"只不过是利用我的逗留来寻求怎样能够远离此地而生活下去的手段而已。"他在恶浊的社会环境

中，虽不能完全做到出污泥而不染，但在关键的时刻，在重大的问题上，却难能可贵地表现出高尚的节操。他因为自己"人格高尚，决不想用卑鄙手段去发财"，而抛掉了当讼棍的前程，宫廷演出他的歌舞剧《乡村卜师》时邀他出席，他故意不修边幅以示怠慢，显出"布衣"的本色，国王要接见并赐给他年金，他为了洁身自好，保持人格独立而不去接受。

他处于反动黑暗的封建统治之下，却具有"倔强豪迈以及不肯受束缚受奴役的性格"，敢于"在巴黎成为专制君主政体的反对者和坚定的共和派"。他眼见"不幸的人民遭受痛苦"，"对压迫他们的人"又充满了"不可遏制的痛恨"，他鼓吹自由，反对奴役，宣称

"无论在什么事情上，约束、屈从都是我不能忍受的"。他虽然反对法国的封建专制，并且在这个国家里受到了"政府、法官、作家联合在一起的疯狂攻击"，但他对法兰西的历史文化始终怀着深厚的感情，对法兰西民族寄予了坚强的信念，深信"有一天他们会把我从苦恼的羁绊中解救出来"。

十八世纪贵族社会是一片淫靡之风，卢梭与那种寡廉鲜耻的享乐生活划清了界线。他把妇女当作一种美来加以赞赏，当作一种施以温情的对象，而不是玩弄和占有的对象。他对爱情也表示了全新的理解，他崇尚男女之间真诚深挚的情感，特别重视感情的高尚和纯洁，认为彼此之间的关系应该是这样的："它不是基于情欲、性别、年龄、容貌，而是基于人之所以为人的那一切，除非死亡，就绝不能丧失的那一切"，也就是说，应该包含着人类一切美好高尚的东西。他在生活中追求的是一种深挚、持久、超乎功利和欲望的柔情，有时甚至近乎天真无邪、纯洁透明，他恋爱的时候，感情丰富而热烈，同时又对对方保持着爱护、尊重和体贴。他与华伦夫人长期过着一种纯净的爱情生活，那种诚挚的性质在十八世纪的社会生活中是很难见到的。他与葛莱芬丽小姐和加蕾小姐的一段邂逅，是多么充满稚气而又散发出迷人的青春的气息！他与巴西勒太太之间的一段感情又是那样温馨而又洁净无瑕！他与年轻姑娘麦尔赛莱一道作了长途旅行，始终"坐怀不乱"。他有时也成为情欲的奴隶而逢场作戏，但不久就出于道德感而抛弃了这种游戏。

他与封建贵族阶级对奢侈豪华、繁文缛节的爱好完全相反，保持着健康的、美好的生活趣味。他热爱音乐，喜欢唱歌，抄乐谱即是他谋生的手段，也是他寄托精神之所在，举办音乐会，更是他生活中的乐趣。他对优美的曲调是那么动心，童年时听到的曲调清新的民间歌谣一直使他悠然神往，当他已经是一个"饱受焦虑和苦痛折磨"的老人，有时还"用颤巍巍的破嗓音哼着这些小调"，"怎么也不能一气唱到底而不被自己的眼泪打断"。他对绘画也有热烈的兴趣，"可以在画笔和铅笔之间一连待上几个月不出门"。他还喜欢喂鸽养蜂，和这些有益的动物亲切地相处，喜欢在葡萄熟了的时候到田园里去分享农人收获的愉快。他是法国文学中最早对大自然表示深沉的热爱的作家。他到一处住下，就关心窗外是否有"一片田野的绿色"；逢到景色美丽的黎明，就赶快跑到野外去观看日出。他为了到洛桑去欣赏美丽的湖水，不惜绕道而行，即使旅费短缺。他也是最善于感受大自然之美的鉴赏家，优美的夜景就足以使他忘掉风餐露宿的困苦了。他是

文学中徒步旅行的发明者，喜欢"在天朗气清的日子里，不慌不忙地在景色宜人的地方信步而行"，在这种旅行中享受着"田野的风光，接连不断的秀丽景色，清新的空气，由于步行而带来的良好食欲和饱满精神……"

《忏悔录》就这样呈现出一个淳朴自然、丰富多彩、朝气蓬勃的平民形象。正因为这个平民本身是一个代表人物，构成了十八世纪思想文化领域里一个重大的社会现象，所以《忏悔录》无疑是十八世纪历史中极为重要的思想材料。它使后人看到了一个思想家的成长、发展和内心世界，看到一个站在正面指导时代潮流的历史人物所具有的强有力的方面和他精神上、道德上所发出的某种诗意的光辉。这种力量和光辉最

→瑞士

终当然来自这个形象所代表的下层人民和他所体现的历史前进的方向。总之，是政治上、思想上、道德上的反封建性质决定了《忏悔录》和其中卢梭自我形象的积极意义，决定了它们在思想发展史上、文学史上的重要价值。

1767年5月初，卢梭与戴莱丝一道离开乌登，于6月21日抵达巴黎附近孔蒂公爵的领地特利堡。几个月后，费尽卢梭数年心血的《音乐辞典》出版了。

1768年6月，卢梭独自一人前往里昂，采集植物，他一方面在感受着大自然的美丽，另一方面也在体验着人生的冷暖。夏天，他在布尔哥宛与戴莱丝正式结婚了。正是她，既与卢梭共享过巅峰的美景，也饱尝辗转流徙的苦楚，一对有情人在暮年时才终结连理。卢梭是这样看待婚姻的，他说："如果两个人不论是处在什么环境，不论是住在什么地方，不论是占居什么社会地位，都是彼此相配的话，那他们就可以结成夫妻了。"

卢梭在法国没有在任何一个地方长期居留，他在全国各地流浪，从一个地方到另一个地方，像一个到处被追捕的人。他不断地呼喊着："我是无罪的！"只有时间才能验证一切。直到1770年，卢梭才获准返回巴黎，一到那里，他就在勃拉特里埃尔路的一间可怜

的小房里安居下来，靠抄写乐谱维持生计。

在回到巴黎之前，卢梭完成了他的歌剧《比哥曼侬》。年底，他的《忏悔录》也最终完成了。《忏悔录》第二部是他从1769年开始动笔的，大部分都完成于他在外省避难期间，只有末尾一章完成于他回到巴黎之后。12月，卢梭聚集好友为《忏悔录》开了一个朗诵会。

这时，人们才得以窥见到《忏悔录》的全貌。这可以说是卢梭怀着逼人的悲愤申诉自己所受的诽谤、迫害和一切不公平待遇，慷慨激昂地写出自己的精神和情感的历史，以及为人权而战的斗争史。

它是一个平民知识分子在封建专制压迫面前维护自己不仅是作为一个人，更重要的是作为一个普通人的人权和尊严的作品，是对统治阶级迫害和污蔑的反击。

《忏悔录》成为后人观察18世纪平民阶级的精神状况、道德水平、爱好与兴趣、愿望与追求的一个窗口。卢梭以他切身经历，致力于发掘平民的精神境界中一切有价值的东西。自然淳朴的人性、值得赞美的道德情操、出色的聪明才智和健康的生活趣味等。

卢梭又以不加掩饰的厌恶和鄙视追述了他所遇见的统治阶级和上流社会中的各种人物。他说："在一般

平民中间，虽然只偶尔流露真情，但自然情感却是随时可以见到的。在上流社会中，则连这种自然情感也完全窒息了。他们在情感的幌子下，只受利益或虚荣心的支配。"表现出强烈的平民精神。

《忏悔录》也是卢梭内心的独白，它使我们领略了一个思想家的成长、发展和内心世界，看到一个站在正面指导时代潮流的历史人物所具有的强有力的方面和他的精神上、道德上所发出的某种诗意的光辉。

当自我批判与忏悔最终导向对社会的谴责和控诉，对人性恶的挖掘转化成了严肃的社会批判，而这种揭露和批判又结合着卢梭自身痛切的体验与感受，《忏悔录》也就具有了深刻而巨大的进步作用，从而确立了在思想发展史上、文学史上的地位。

忏悔

> 反躬自省的习惯，最终使我失去对所受痛苦的感觉乃至记忆。就是这样，通过自身的经验我懂得：真正的幸福之源就在我们自身；对于一个善于理解幸福的人，旁人无论如何也不能使他真正潦倒。
>
> ——《一个孤独的散步者的遐想》

1771 年 2 月，卢梭又在瑞典皇太子前朗诵《忏悔录》。到了 5 月份，卢梭的朋友们，首先是埃皮奈夫人，由于害怕被指责，要求警察禁止他朗诵；于是书信检查所截留他的信件。用这种方法毕竟不能平息卢梭的疯狂，卢梭感到"在巴黎比鲁滨逊在他的岛上还要孤独"，他相信自己被当作全世界的敌人监视着。

从次年开始，卢梭执笔写作《卢梭与让·雅克的对话录》，痛苦的写作持续了 4 年的时间，直到 1776 年初，他才最终完成《对话录》。在这部作品中，卢梭对自己作了最敏锐的分析，同时也对反对他的阴谋做了最猛烈的抨击。

可卢梭一想到没有人能听到他的绝望的呼喊，便悲痛欲绝。他决定向上帝求援。2月24日，他准备把"对话"原稿放在巴黎圣母院的高祭坛上，用这种方式向上帝表达心声。可他发现唱诗班的铁丝架已经关上。这对他可以说是最大的打击，似乎上帝也加入了他的反对者的行列。

4月份的时候，卢梭设法印了许多份呼吁书："致所有热爱正义和真理的法国人"，在街上广为散发。也就在这个时候，一个英国的来访者似乎从天而降，卢梭便把《对话录》的手稿交由他保存。这位朋友不负众望，终于在1780年把卢梭这部血与泪的结晶在伦敦付印了。

奉献手稿失败以后，卢梭虔诚的心灵让他相信：如果上帝要使他受迫害，那么迫害应该写在"永久的教会"中，他除向他们低头之外别无出路，这是可悲的，但是他满怀信心……

卢梭的心就这样安静下来，但他的健康却始终没有恢复。从1776年秋天开始，卢梭动笔写作他的最后一部著作《一个孤独的散步者的遐想》，他从"第一散步"写到"第十散步"，由于他的逝世才中断了。

《遐想》中依然有那种发狂的劲头，但此时的卢梭已经接近了生命的终点，他显得柔和而愁闷，心志彷徨不定。他仿佛做了一场噩梦，以听天由命的态度

→卢梭铜质纪念章

等待也许醒过来的时候。他觉得自己在世界上茕茕孑立，一身之外，别无兄弟、无近亲、无朋友、无交游，被众口同声地驱出人群，永生永世地成为一个孤独者了。

然而，《一个孤独的散步者的遐想》在艺术上的造诣依然是非凡的，它像一只衰老而忧郁的夜莺在寂寥的丛林中低低地吟唱。

卢梭在回想一生中不多的幸福岁月，也就是他被自然吞没进去，与宇宙融为一体的那些日子。他比任何西方人都更能体会到东方观念中的完全忘我的境界，那种"完全剥去任何其他激动的感情，集中于生命的深渊里，他自己也被缠绕在其中。"

从他留给我们的箴言中，我们可以领悟到一个伟大灵魂的自由：

> 我知道，也感觉得出，行善是人类之心所能领略到的最真实的幸福。

> 当不幸的人不知该向谁抱怨他们所受的痛苦时，他们便去找命运，把命运拟人化，把它当作不缺眼睛、不少思想的活物，来折磨解恨。

> 排除异念而感到自身的存在，这本身就是一种满足和宁静的珍贵情感。它足以使每个善于排除世俗的和肉欲的杂念的人感到自身存在的珍贵和甜美。

> 如果你还不知道幸福在什么地方就去追求幸福，那就会愈追愈远，就会走多少路便遇多少危险。

> ……

卢梭时常玩味唱歌和音乐以消遣，以他所吟咏的

短歌谱入曲中。这些短歌后来汇编成一个集子《对我一生所受的痛苦的安慰》。虽然他已经是一个"饱受焦虑和苦痛折磨"的老人，有时还"用颤巍巍的破嗓音哼着这些小调"，怎么也不能一气唱到底"而不被自己的眼泪打断"。抄乐谱既是卢梭谋生的手段，也是他寄托精神之所在。直到逝世的前一年，他才因为健康恶化，而停止了抄乐谱。

植物学是卢梭晚年最大的爱好。在1774年的时候，卢梭会见了生物学家拉马克，从那以后，他们一直保持着往来。他对植物学感兴趣，不是为了科学知识的满足，而是为了接触地球上的生命和所有由它唤起的回忆，"田野，河流，树木，幽静，尤其是和平与休息。……"

在卢梭逝世前的最后一个多月，承蒙富有的绅士吉拉尔登先生的厚意，他得以离开在巴黎的简陋住宅，迁居到风景宜人的乡间小镇埃梅朗维尔去安家，这里距巴黎有27法里远。在这里安家，开始于1778年5月20日，卢梭充分享受了这个失而复得的小乐园的佳景。甚至他的健康也渐有起色。

6月底，英国采访者马格兰先生听到卢梭在钢琴上演奏《奥瑟罗》中的抒情诗"莎尔"，这部歌曲集，是他最后的一部作品。

　　1778年7月2日星期四早晨，卢梭与世永别。医生诊断为大脑浮肿。3日，由乌登制作了他的死后面型。4日，遗骸葬于埃梅朗维尔公园白杨岛上。

　　卢梭的一生，是苦难的一生，而在贫贱的生活中，他却始终保持了精神上的风采。这不幸的人，到死都认为自己是"世界上的孤独者"，而且注定"永久"是孤单的，殊不知他已经征服了现在和未来。

　　在卢梭的晚年，从1770年到1778年，他的全集已出了6版，《新爱洛伊丝》出版了。1782年，他的《忏悔录》第一部和《一个孤独的散步者的遐想》出版了。

←卢梭铜质纪念章背面

卢梭的棺椁

那些对卢梭忽然长逝于埃梅朗维尔的神秘不知所解的读者，再次激奋起来。从1780年起，有一半的法国人到过白杨岛去朝拜，其中甚至还有王后和所有王公贵族，来访者无不沉醉于崇拜和敬爱的狂喜中。

未来的法兰西革命以及每个政党的领袖——巴尔纳斯、丹东、卡尔诺、俾洛、瓦来内、库让、罗兰……曾经联合起来向卢梭举行祀典。1794年4月15日，革命政府迁葬卢梭灵柩于巴黎国葬所。曾目睹卢梭暮年的罗伯斯庇尔，在跃登政治舞台之前，就曾许愿要把一生献给卢梭。当他的权力达到高峰时，曾在1794年5月7日的著名演讲中对卢梭推崇备至，称他是"革命的导师"。在国民议会的走廊里，卢梭的半身像与富兰克林和华盛顿的面对面并列。

卢梭的思想也超出政治的范畴，浸渍并滋育了德国哲学。康德因读《爱弥儿》而心荡神怡，他说："有一时期，我骄傲地设想过知识是人类的光荣，因此我对愚昧无知的人们采取蔑视的态度。正是卢梭打开了我的眼界。这种幻想的优越性消失了：我学会了尊重人类。"《社会契约论》对他也有着深刻的影响。在这部著作中，他发现了自己的道德启示，他的"自由是人类的特性"原则。

不仅卢梭的思想是革命的，他的作品本身也在感

情的方式和表达感情的方式上引起一场革命，因而改造了未来的艺术。

圣勃夫说："卢梭是第一个使我国文学充满青翠绿意的作家。"的确，卢梭来自乡间，乡间的孤寂常在他心头萦回，因而他的作品使文坛充满清新的气息。

卢梭恢复了古罗马会议广场的辩才，他的某些作品都是压服人的演说。他有和谐、高标准以及洋溢的热情。

他又精通处理内心深处的技巧，即懂得用半高声说话的沉思和深入灵魂的忏悔。不顾社会和流行文学的习俗，他只谈他自己。他发现了真正的"我"。在他那个时代，无人能与他相匹敌。

为了表达这个新世界，卢梭又创造了一种新语言，这种语言既自由而又柔顺。

卢梭指出了和谐在文体上的重大意义，他把它放在明晰之后，而置于正确之前。为了不累及和谐，他宁愿审慎地牺牲文法。无疑，他是一位伟大的散文诗人和法国浪漫主义的先驱者。

一切现代的教育学说都受到卢梭的《爱弥儿》和他的关于儿童的知识的启示。日内瓦最著名的教育学院，冠以卢梭的名字。他对自己是如此柔弱，却不愧为一个良心的极好倡导者。

卢梭对现代思想的影响远不止这些。在日本和中国也传播着他的学说。卢梭思想就在梁启超的介绍下来到中国。梁启超之后，邹容在《革命军》中也极为推崇卢梭。"五·四"时期，郭沫若、郁达夫等人都成了卢梭的信从者。到30年代，巴金又称卢梭是他的第一个老师。

← 卢梭的棺椁

让·雅克·卢梭，既是卑微的平民，又是思想界巨子；既是一名流浪汉，又是人类道德的训导者；既是旧社会的批判者，又是新时代的代言人。他的一生，既是多灾多难的一生，又是光辉灿烂的一生。卢梭不仅仅属于法国，更属于全世界；卢梭也不仅仅属于18世纪，更属于人类文明的未来世纪。